Heidi Christa Heim

Märchenlicht für Frauen in Trennung und Scheidung

Heilung für Herzenswunden

Verlag Via Nova

1. Auflage 2004

Verlag Via Nova, Alte Landstraße 12, 36100 Petersberg

Telefon: (06 61) 6 29 73

Fax: (06 61) 9 67 95 60

E-Mail: info@verlag-vianova.de

Internet:

www.verlag-vianova.de

www.transpersonal.com

Umschlag: Marketing Design Service GmbH, Hamburg

Satz: typo-service kliem, 97647 Neustädtles

Druck und Verarbeitung: Rindt-Druck, 36037 Fulda

ISBN 3-936486-56-5

Inhaltsverzeichnis

Ludwig Raders 1898

Einführung

Sich vom Lebenspartner trennen zu müssen oder von ihm verlassen zu werden gehört zu den härtesten Erfahrungen, die eine Frau erleben kann. Eine Trennung „zerreißt" uns das Herz und verursacht unerträgliche Schmerzen. Sie zieht uns den Boden unter den Füßen weg und raubt uns seitherige Sicherheiten. Sie zerschneidet gemeinsames Leben und wirft uns auf uns selbst zurück. Sie erscheint uns zunächst als gnadenlose Unbarmherzigkeit. Unser seitheriges gemeinsames Weltbild ist zerbrochen und der geplante Lebensentwurf liegt in Scherben vor uns. Wir scheinen in ein bodenloses Loch zu fallen. Im Augenblick der Trennung erscheint uns das Leben oft ohne Sinn. Kindheitsängste können neu auftauchen und alte seelische Wunden neu zu schmerzen anfangen.

Eine Scheidung ist, auch wenn sie vieles mit einem Todesfall gemeinsam hat, doch etwas grundlegend anderes als dieser. Einen einstmals (und vielleicht noch) geliebten Mann an eine andere Frau zu verlieren ist etwas anderes, als ihn an eine jenseitige Dimension zu verlieren. Zum tosenden inneren Meer der Gefühle von Trauer, Verlust, Zorn, Angst, welche auch im Todesfall erlebt werden, können bei der Scheidung noch Eifersucht, Hass und Bitterkeit kommen. Häufig hat der Mann sich für eine andere und jüngere Frau entschieden, was die Gefühle der seitherigen Partnerin tief verletzt. Sie hat die größte Mühe, weiterhin die Fahne ihres weiblichen Selbstbewusstseins hochzuhalten. Die verlassene Frau ist in Gefahr, in die Fallgruben der Opferrolle, der Bitterkeit und des Selbstmitleids zu fallen. „Stärker als bei der Trauer um einen Verstorbenen wird das Selbstgefühl des Einzelnen strapaziert, besonders auch deshalb, weil wir so wenig akzeptieren, dass Leben Gewinnen und Verlieren, Glücken und Scheitern kennt und niemals ein Prozess des kontinuierlichen Glückens sein kann."[1]

Zudem müssen wir Frauen uns in der Trennungsphase noch mit einem vielköpfigen Drachen herumschlagen: Das ist der Drache der irrationalen Hoffung und des Zweifels. Wenn wir ihm *einen* seiner

Köpfe mit viel Mühe abgeschlagen haben, wächst sogleich ein neuer nach: die Hoffnung auf eine Wiederherstellung der seitherigen Beziehung und der Zweifel an der Richtigkeit der Trennungsentscheidung leben immer wieder auf. – Noch etwas kostet uns Kraft und belastet das ohnehin lädierte Selbstbewusstsein zusätzlich: Wir kommen nicht umhin, unsere eigenen Anteile an der Partnerschaft anzuschauen. Nach der Trennung zeigen sich die eigenen Schattenanteile, die eigenen Fehlhaltungen, die eigene Schuld am Ende der Beziehung in noch nie erlebter Schärfe. Unsere Trauer wird noch verstärkt, wenn wir sehen, dass die Kinder unter der Scheidung leiden. – Nicht zuletzt sind unglaublich viele praktische Dinge zu regeln: Was geschieht mit der Wohnung? Was mit den Kindern? Wie trennen wir Hausrat und Guthaben? Dabei entstehen oft auch große finanzielle Sorgen und Existenznöte.

Was fast das Schlimmste ist: wir erleben alle diese Gefühle wie ein Wechselbad, wir werden von ihnen wie auf einer Schiffschaukel von einem Extrem ins andere geschleudert. Und wenn wir meinen, jetzt wären wir im Trauerprozess doch endlich ein Stück weiter gekommen, kann ein früher gemeinsam gehörtes Musikstück wieder Tränenschleusen öffnen oder eine Erinnerung urplötzlich Wut und Bitterkeit wieder auflodern lassen. Eine weitere Härte ist, das dieses ganze Gefühlschaos von der Umwelt oft nicht begriffen und akzeptiert wird. Wir erleben versteckte Schuldzuweisungen und Unverständnis für unsere Trauer.

Als ich selbst noch in diesem Gefühlschaos der ersten Trauerzeit nach der Trennung steckte, kam ich bei einer Wanderung in Griechenland zu einer besonderen Stelle. Bei einer Wegböschung war die oberste Schicht abgerutscht. Nachdem nun diese „Haut“ entfernt war, konnte man in die darunterliegende Erdschicht schauen. In dieser steckte eine abgestreifte Schlangenhaut! Noch nie hatte ich so deutlich begriffen, wie eine Schlange sich häutet: Sie muss sich durch viele Steine zwängen, gerade auch an scharfkantigen Felsbrocken entlang, nur so kann sie mühsam ihre alte Haut abstreifen. Meine Begleiterin versuchte vorsichtig, die Schlangenhaut herauszuziehen, aber es war unmöglich. Die alte Haut war innig mit Erde und Steinen verbunden! Doch einige Meter weiter fand ich eine vollständige, unversehrte andere Schlangenhaut. Mit Dank und Freude nahm ich diese Kostbarkeit mit.

Diese mühsame Häutung wurde für mich ein hilfreiches Symbol für die Trennung und den Umbruch, in dem ich steckte. Meine Schlangenhaut erinnerte mich daran, dass wir uns immer wieder „häuten" müssen, wenn wir innerlich weiterwachsen wollen.

Sehr hilfreich war mir ferner auch der Erfahrungsaustausch mit anderen betroffenen Frauen.

Die dritte entscheidende Hilfe aber kam von den Trennungsgeschichten der Volksmärchen. Diese zeigten neuen Lebenssinn und ungeahnte Wege. Sie machten mir Mut und stärkten mein Vertrauen. Ihre Bilder verwandelten und heilten mich. Diese Geschichten wurden in der Tat für mich zu einem Ohrenlicht, wie einige Völker Sibiriens die Märchen nennen. Die Schätze, die ich in hier gefunden habe, möchte ich nun mit Ihnen teilen.

Dieses Buch möchte ein gemeinsamer Weg sein. Auch wenn Erkenntnisse aus anderen Fachgebieten eingearbeitet wurden, ist es keine psychologische, literaturwissenschaftliche, theologische, volkskundliche, soziologische oder historische Abhandlung. Märcheninterpretationen unter diesen Aspekten sind bereits reichlich vorhanden. Sie finden in diesem Buch auch keine kompletten Interpretationen einzelner Märchen. Meine Rolle als Autorin gleicht vielmehr der einer *Fremdenführerin* in einer Kirche oder einem Schloss. Ich werde Sie auf Schönheiten und Kostbarkeiten aufmerksam machen, die für Sie als geschiedene Frau wichtig sein können und an denen Sie sonst vielleicht achtlos vorübergegangen wären. Wie eine *Wanderführerin* möchte ich Sie auf Ihrem Trennungsweg begleiten, auf Ihrem Weg zu sich selbst. Am Wegrand werde ich Ihnen auch Kräuter zeigen, die für Trennungswunden heilsam sein können. Wenn Sie Ihr Herz dann noch für das Licht der Märchen öffnen, werden Sie selbst darin ganz gewiss noch weitere Schätze entdecken, denn die Weisheit der Märchen ist letztlich unausschöpfbar.

Trennungsgeschichten im Volksmärchen

„Es war einmal,
es ist jetzt,
es wird wieder sein –
das ist aller Märchen Anfang."

Trennungen durchziehen unser ganzes Leben. Schon in unserem Uranfang, kurz nachdem sich die Samenzelle mit der mütterlichen Eizelle vereinigt hat, teilt sich diese und die beiden Hälften trennen sich. Ohne Trennung sind offensichtlich kein Wachstum und keine Wandlung möglich! Die nächste große Trennung geschieht bei der Geburt, wenn das Kind sich von der Mutter löst. Es folgen im Menschenleben dann viele Zeiten der Bindung und viele Zeiten der Trennung. Wir lassen uns auf Neues ein, nehmen Abschied von vielem, bis wir zuletzt im Tod diese Welt verlassen, um abermals einen neuen Übergang zu wagen.

Dem Volksmärchen ist nichts Menschliches fremd, es schildert in seiner Symbolsprache Welt und Leben so, wie sie sind. So wundert es nicht, dass die Märchen von unzählig vielen Trennungen erzählen. Da trennen sich, freiwillig oder gezwungenermaßen, Eltern von ihren Kindern, Kinder von ihren Eltern und Geschwister voneinander. Da gibt es Trennungen von Orten, von sozialen Rollen, von Tieren und von Dingen.

Am häufigsten aber kommt die Trennung von Liebenden vor, und diese Trennungsgeschichten sind auch das Thema dieses Buches. Dabei fällt auf, dass im Märchen so gut wie kein Unterschied gemacht wird, ob das Liebespaar noch nicht oder schon lange zusammenlebt. Entscheidend ist, dass zwei Menschen einander wirklich begegnet sind und dass sie sich lieben. – Es gibt Trennungen, wo das Paar von anderen getrennt wird, etwa von neidischen Schwestern oder einer missgünstigen Stiefmutter. Es gibt Märchen, wo die Frau den Mann verlässt, und solche, wo der Mann die Frau verlässt. Bei genauem Vergleich vieler Märchen aber haben alle diese Unterscheidungen der Ursachen offensichtlich keine grundlegende Bedeutung, und der Trennungsweg verläuft ähnlich. Überhaupt erwecken die Trennungen im Märchen den Eindruck von etwas Schicksalhaftem, so, als ob sie notwendigerweise sein müssten. Der Anfang eines russischen Märchens drückt das so aus:

„Ein Fürst heiratete eine schöne Fürstentochter. Und er hatte sich noch nicht an ihr satt sehen können, noch nicht genug mit ihr reden und noch nicht genug von ihr hören können, als er auch schon von ihr scheiden, sich auf eine weite Reise begeben und seine Frau in der Obhut von Fremden zurücklassen musste. Was tun? Sein Leben lang kann man nicht eng umschlungen dasitzen, heißt es."[2]

Es gibt einige wenige endgültige Abschiede, wo sie ihn oder er sie unwiderruflich verlässt. Die große Mehrzahl der Paartrennungen im europäischen Volksmärchen aber endet mit einer Wiedervereinigung des ursprünglichen Paares. Nun können Trennungen und Wiederfinden gewiss auch als Höhen und Tiefen eines Ehelebens verstanden werden, als Wechsel von Nähe und Distanz in der Beziehung ein und desselben Paares. In den Augen der vielen geschiedenen Singles unserer Tage aber scheinen die unzähligen Märchen dieses Typs eine veraltete Ehe- und Treuemoral zu vertreten. Diese Beschreibung der glückseligen Wiedervereinigung des ursprünglichen Paares spendet ihnen nicht gerade Trost. Sind Märchen also nur Geschichten für glücklich verheiratete Paare oder solche, die es werden wollen?

Keineswegs! Mit einer anderen Sichtweise und einem tieferen Symbolverständnis können Trennung und Wiedervereinigung etwas völlig anderes bedeuten. Betrachten wir jede Märchengestalt als eine Person für sich, so wird sich eine Frau beispielsweise mit der armen verlassenen Gänsemagd identifizieren. Die böse Kammerjungfer ist dann etwas außerhalb von ihr, und sie selbst ist das arme Opfer. Bei einer Deutung auf der Symbolstufe aber kann diese intrigante Dienerin ein Teil von ihr selbst sein. „Jede Figur, die auftritt, kann auch als Persönlichkeitszug des Träumers, hier im Märchen als Persönlichkeitszug der Heldenfigur aufgefasst werden."[3]

Das Zeichen ♥ wird Sie darauf hinweisen, wenn die Betrachtungsweise rasch auf diese Symbolstufe wechselt. Unser Herz versteht, was ein Märchen sagen will!

Wenn eine Frau im Märchen zum Beispiel eine destruktive Trollhexe trifft, dann begegnet sie ihrer eigenen hexenhaften Seite. Da die Frau diese Eigenschaft wahrscheinlich an sich selbst nicht so akzeptiert, bleibt sie ihr oft unbewusst. Sie wird zu einer Schattenseite, bzw. sie wird Teil ihres unbewussten „Schattens". Die Auseinandersetzung mit diesen Schattenfiguren spielt im Märchen eine große Rolle. Übrigens sind diese nicht nur negativ zu sehen, bei ihnen findet sich auch ein bisher ungenutztes Potenzial.

Die symbolische Betrachtungsweise gilt aber nicht nur für gleichgeschlechtliche Märchenfiguren. Der Prinz, der König, der Dummling, der Schäfer, der verzauberte Eber, der weiße Bär, ja jede männliche Gestalt im Märchen kann auch als ein innerpsychischer Teil der Frau selbst verstanden werden. Es kann damit auch der *innere* Mann einer Frau gemeint sein, ihre männliche Seite, die in der Psychologie *Animus* genannt wird. Wenn also der als Wolf verzauberte Prinz ans Ende der Welt entschwindet, so könnte gemeint sein, dass eine Frau ihre bewusste männliche Seite zunächst verloren hat. (Der Wolf kann im Kontext einer Gechichte oder für Sie persönlich natürlich auch etwas anderes bedeuten!) – Mit der Betrachtung auf der Symbolebene gewinnen auch Trennung, Suchwanderung und glückliche Wiedervereinigung im Märchen ganz neue Aspekte, sie bergen beglückende Schätze. Die einzelnen Märchen des Buches malen dazu viele erhellende Bilder. „Märchen können als Beziehungsgeschichten verstanden werden, aber sie können natürlich auch die ewige Suche nach dem innerseelischen Gleichgewicht abbilden: Betrachtet man das Märchen als Geschichte, die von *einem* Menschen erzählt wird und nicht so sehr auf das Paar hin, dann zeigt sich nämlich, dass es im Märchen immer auch darum geht, dass Männliches und Weibliches in der eigenen Psyche eines Menschen in eine gute Gewichtung kommen – gelingt das punktuell, dann ist das auch eine „hohe Zeit", Ausdruck für geglücktes Leben."[4]

Der Weg der getrennten Liebenden hat im Märchen meist folgende Stufen:

- Werbung und erste Liebe
- Die Vorgeschichte der Trennung
- Trennung und Abschied
- Die Suchwanderung nach der oder nach dem entschwundenen Geliebten
- Häutung und Heilung
- Die Öffnung für andere
- Die Heilige Hochzeit – eine neue Ganzheit

Nun passen gewiss nicht alle Trennungsmärchen in dieses Schema. Dennoch war für mich beim großen Umfang des Themas eine gewisse Gliederung notwendig. Sie ist eine Art Geländer, an dem ich mich entlanghangeln werde, um nicht in der Fülle der Märchenmotive unterzugehen. Diese sieben Stufen strukturieren deshalb auch den Aufbau des Buches, wobei ich bei meiner Betrachtung meist erst mit der zweiten Stufe beginnen werde, also dort, wo es in Bezug auf das Trennungsthema des Buches spannend wird. Dabei werde ich aber auch den Anfang der Geschichte mitbedenken.

Viele Märchen beschreiben nur die erste Stufe der Werbung und der Hochzeit. Die Schwierigkeiten liegen dann im Gewinnen oder Erlösen der Braut bzw. des Bräutigams. Bei den hier ausgesuchten Trennungsmärchen sind aber meist alle sieben Stufen vorhanden, wenn sie auch verschieden lang ausgestaltet sind. Einige Stufen können ganz fehlen und andere wiederholt werden.

Nun ergibt sich bei diesem für Frauen geschriebenen Buch eine paradoxe Situation: Es gibt viele Märchen, in denen die Frau sich von ihrem Liebsten trennt. Hier werden sich sicher die zunehmend vielen Frauen wiederfinden, die derzeit die Scheidung einreichen. Nur – diese Geschichten beschreiben dann in ihrem Hauptteil den Weg eines Mannes, der seine Frau wieder sucht, also einen männlichen Individuationsweg. In Märchen mit weiblichen Suchwanderungen dagegen hat oft der Mann die Frau verlassen und sie geht dann „bis an der Welt Ende“, um ihn wiederzufinden oder zu erlösen. Der Schwerpunkt dieses Buches wird auf solchen Geschichten liegen, weil wir uns als geschiedene Frauen gerade auf diesen weiblichen Suchwanderungen mit unserer Trauer wiederfinden können. Hier werden uns unsere Anteile an der Trennung gespiegelt, aber hier können wir auch Heilung für unseren Schmerz und Visionen für die Zukunft gewinnen. Es geht dabei um unsere eigene Entwicklung, um unser eigenes Heil- und Ganzwerden. Es geht um die Suche nach uns selbst, um den Weg zu unserer ureigensten Bestimmung. Dabei werden drei Besonderheiten der Märchen hilfreich sein:

Erstens ist jedes Märchen, wie auch jeder Traum, seine eigene Deutung. „Das Märchen selbst ist seine eigene beste Erklärung, d. h. seine Bedeutung ist in der Gesamtheit seiner Motive, die durch den Handlungsfaden miteinander verbunden sind, enthalten.“[5] Wenn wir dennoch für die Bildersprache der Märchen ein wenig Verständnishilfe brauchen, damit wir sie auch in unser Tagesbewusstsein integrieren können, kann es nie darum gehen, dass *wir* die Volksmärchen deuten! *Vielmehr deuten die Märchen auf uns!* Sie spiegeln uns Menschen ungeschminkt, sie stellen uns und unsere eingefahrenen Gleise in Frage. Sie rücken Unbewusstes ins Licht. Sie zeigen uns, wie das Leben gelingen und wie unser Weg weitergehen kann. Wolfdietrich Siegmund hat darauf aufmerksam gemacht, dass die Figuren der Märchen wie die Heiligengestalten der Ikonen von innen heraus leuchten, mit einer Art Tiefenlicht. „Der beste Weg, Märchen zu verstehen, ist nicht das Deuten einzelner Märchenmotive, sondern das schweigende Hören, das Leer- und Offensein für die Selbstmitteilung des Erzählten.“[6]

Zweitens berühren die in den Kontext der Handlung eingebetteten Bilder, ja, die ganze Geschichte selbst, unmittelbar Tiefenschichten unserer Seele. Unsere Seele versteht sie und kann sie auch ohne „fachmännische“ Deutung als heilende Nahrung aufnehmen. Die Bilder der Märchen beleben schon vorhandene Bilder in unserer Psyche. „Das heißt aber, dass wir dort, wo uns das Märchen anspricht, lebendiger werden, emotional betroffener. Zudem werden unsere Bilder in den Entwicklungsprozess des Märchens hineingestellt; Probleme, die uns betreffen, werden imaginativ in eine Hoffnungsperspektive mit hineingenommen. Hoffnung auf Veränderung, Phantasie für Veränderung stellt sich ein.“[7] Ähnlich wie beim Traum liegt der größte Gewinn eines Märchens im Anschauen seiner Bilder! Je nach unserer derzeitigen Lebenssituation fallen uns andere Bilder ins Auge, sozusagen von sich aus.

Ein Beispiel: In einem Seminar erzählte ich jüngst das Grimm'sche Märchen *„Das singende springende Löweneckerchen"*. Diese Geschichte hat viele großartige Bilder. Den Frauen der Gruppe sprang jedoch das Bild der kleinen Nuss ins Auge. Aus dieser wächst ein Nussbaum mitten im Meer, auf dem der Vogel Greif sich ausruht, wonach er die Liebenden sicher über das Rote Meer tragen kann. Dieses Bild der rettenden Kleinigkeit ergriff die Frauen, bewegte sie und gab vielen auf eine letztlich nicht begrifflich ausdrückbare Art Trost.

Drittens schildert das Märchen keine individuellen, sondern exemplarische Lebensläufe. Deshalb können wir uns auch so gut mit der Märchenheldin oder dem Märchenhelden identifizieren. Die Handlung erzählt von allgemein menschlichen Problemen, deshalb finden wir in den Märchen unsere eigenen wieder. Gleichzeitig wird uns in modellhaften bildlichen Lösungen aufgezeigt, wie solche Schwierigkeiten überwachsen und überwunden werden können. – Volksmärchen überliefern ja uralte Menschheitserfahrungen, Träume und Visionen, die vielfach auf ihre innere Wahrheit geprüft wurden – sonst wären sie nicht von Generation zu Generation als kostbares Gut weitergegeben worden. Deshalb können sie uns auch ein so tiefes Vertrauen vermitteln. Wir glauben ihnen, wenn sie uns berichten, dass wir in ein sinnhaftes Lebensnetz eingebettet sind, dass uns zur rechten Zeit hilfreiche Mächte beistehen werden, dass Entwicklung, Verwandlung und Erlösung möglich sind und dass wir an das uns bestimmte Ziel kommen werden. Clarissa Pinkola Estes, die als Theapeutin viel mit Märchen und Mythen arbeitet, schreibt: „Oft werden Geschichten in eine symbolhafte Sprache verpackt – wie unsere nächtlichen Träume. So gelingt es den Bildern, das Ego und die „Persona" einfach zu umgehen und direkt zum Geist und zur Seele vorzudringen, wo die uralten universellen Weisheiten mühelos entziffert werden. Deswegen können Geschichten Lehren vermitteln, die Dunkelheit erhellen, seelische Geborgenheit erzeugen, innerliche Wandlungen erleichtern und seelische Wunden heilen."[8]

Diese heilende Kraft der Märchen habe ich in meinem persönlichen Leben und in der Märchenarbeit oft erlebt. Sie ist beim gesprochenen

Text besonders stark. Deshalb wäre wunderbar, wenn Sie sich oder jemandem anderen einzelne Märchen dieses Buches laut vorlesen oder es sich vorlesen lassen. Auf jeden Fall sollten Sie versuchen, jedes Märchen beim Hören oder Lesen *in Bildern* zu sehen.

Anregungen dazu werden Ihnen auch die mit dem Zeichen ⇨ versehenen Imaginationsvorschläge geben.

Hier werden Sie gebeten, Ihre äußeren Augen zu schließen, um ein bestimmtes inneres Bild besser sehen zu können. „Wichtig ist, dass wir darauf achten, wie die Sprachbilder vor unserem inneren Auge erscheinen, wie wir sie dort sehen. Dafür sollten wir uns Zeit lassen. Denn der Buchtext ist nur ein Hilfsmittel. Er kann niemals die eigenen Gestaltungen ersetzen, die unsere eigene Seele mit ihrer schöpferischen Kraft hervorzubringen vermag."

Die Vorgeschichte der Trennung

Auch in den Märchen kommt eine Trennung nicht aus heiterem Himmel, sie bahnt sich an. Es gibt Vorzeichen und Trennungskeime, die in verschiedenen Märchenbildern aufleuchten. Trennung kann, muss aber nicht einen schuldhaften Keim haben, oft geschieht sie einfach, wenn die Zeit reif ist.

Häufig werden vorher irgendwelche instabile Zustände geschildert. Da leben Liebende wie z. B. Jorinde und Joringel in einer ganz engen, symbiotischen Anfangsphase ihrer Liebe, die so paradiesisch-ideal nicht weitergehen kann, wenn beide reifen und sich entwickeln wollen. Instabil und dringend wandlungsbedürftig sind auch die vielen Ehen mit einem Tierbräutigam oder mit einer Tierbraut, die in der Nacht Mensch sind und am Tag wieder Tier.

„Der Löwe aber war ein verzauberter Königssohn und bei Tag ein Löwe und mit ihm wurden alle seine Leute zu Löwen, in der Nacht aber hatten sie ihre natürliche Gestalt wieder. Als sie nun ankam, tat er gar freundlich und ward Hochzeit gehalten und in der Nacht war er ein schöner Mann, und da wachten sie in der Nacht und schliefen am Tag und lebten eine lange Zeit vergnügt miteinander.“

Wir spüren deutlich: So kann das Grimm'sche Märchen „Das singende springende Löweneckerchen“ wohl nicht enden. Ein solcher Zustand ruft nach Veränderung!

In Märchen mit einem Tierbräutigam werden oft Verbote ausgesprochen: Sie darf ihn nicht im Schlaf anschauen. Oder sie darf nicht mit ihrer Mutter allein in eine Kammer gehen bzw. auf das hören, was die Mutter ihr raten wird (weil die ihr dann die unheilvolle Kerze mitgeben wird). Oder sie darf niemandem erzählen, welch schöner Mensch er in der Nacht ist. Männern wird manchmal verboten, mit der Schönheit ihrer Frau vor anderen zu prahlen oder diesen ihren Namen zu nennen. Verhängnisvoll ist auch, wenn der Mann sich vor der Tierhaut der Partnerin ekelt. Trennungsgefährdet sind im Märchen auch Beziehungen, die nicht freiwillig, sondern mit Druck oder Machtausübung zustande kamen. Instabil sind auch Paare, in denen ein Partner bzw. eine Partnerin aus einer anderen Dimension stammt und wieder dorthin zurück möchte. Das kann etwa eine Schwanenfrau sein, die fortfliegt, sobald sie das vom Mann versteckte Schwanenkleid wiederfindet. Das kann eine Vila (eine Fee) sein, die jederzeit wieder in ihr jenseitiges Reich entschwinden kann. Das kann aber auch ein Mann in Vogelgestalt sein oder einer, der nur beim Öffnen eines Zauberbuches erscheint.

In der Vorgeschichte spielt oft auch die Herkunftsfamilie eine potenziell trennende Rolle. Da ist der Neid und die Missgunst der Schwestern und der Stief- oder Schwiegermutter. Da gibt es den König, der seine Tochter nicht hergeben will, und die Königin, die mit der Braut des Sohnes nicht einverstanden ist. Die Frau wird auch manchmal von anderen Märchenfiguren verleumdet, und der in der Ferne weilende Mann glaubt das dann unbesehen. ♥ Wieder können diese „bösen" Figuren hier auch als ein verinnerlichter Teil von uns selbst gesehen werden. Sie können beispielsweise für Prägungen des Elternhauses stehen, welche für die Paarbeziehung außerordentlich belastend sein können.

Ein weiterer Türöffner für ernsthafte Trennungen ist auch eine längere Abwesenheit, und zwar meist die des Mannes. Er zieht auf die Jagd oder in den Krieg und währenddessen ereignet sich Unheilvolles. Vor allem, wenn die Frau ihn wirklich dringend brauchen würde, beispielsweise bei der Geburt, ist er nicht da. Und wenn er eigentlich da wäre, schläft er ganz oft im entscheidenden Moment ein.

Ein afrikanisches Märchen möge nun die Vorgeschichte beleuchten; in dem eine Frau sich endgültig von ihrem Mann trennt.

Fidus 1896

Die Sternenfrau

Es war einmal ein Mann, der hatte eine wunderbare Rinderherde. Alle Tiere trugen ein schwarz-weißes Fell, das war geheimnisvoll wie die Nacht. Der Mann liebte seine Kühe und führte sie immer auf die besten Weiden. Wenn er abends die Kühe beobachtete, wie sie zufrieden waren und wiederkäuten, dachte er: „Morgen früh werden sie wieder viel Milch geben."

Eines Morgens jedoch, als er die Kühe melken wollte, waren die Euter schlaff und leer. Er glaubte, es habe an Futter gefehlt, und führte seine Herde am nächsten Tag auf saftigen Weidegrund. Er sah, wie sie sich sattfraßen und zufrieden waren, aber am nächsten Morgen hingen ihre Euter wieder schlaff und leer. Da trieb er die Kühe zum dritten Mal auf neue Weide, doch auch diesmal gaben die Kühe keine Milch.

Jetzt legte er sich auf die Lauer und beobachtete das Vieh. Als um Mitternacht der Mond weiß am Himmel stand, sah er, wie sich eine Strickleiter von den Sternen herabsenkte. Auf ihr schwebten sanft und weich junge Frauen aus dem Himmelsvolk herab. Sie waren schön und fröhlich, lachten einander leise zu und gingen zu den Kühen, um sie leerzumelken.

Da sprang er auf und wollte sie fangen, aber sie stoben auseinander und flohen zum Himmel hinauf. Es gelang ihm aber, eine von ihnen festzuhalten, die allerschönste. Er behielt sie bei sich und machte sie zu seiner Frau. Täglich ging nun seine neue Frau auf die Felder und arbeitete für ihn, während er sein Vieh hütete. Sie waren glücklich und die gemeinsame Arbeit machte sie reich. Eines aber quälte ihn: Als er seine Frau festgehalten hatte, trug sie einen Korb bei sich. „Niemals darfst du da hineinschauen!", hatte sie gesagt. „Wenn du es dennoch tust, wird uns beide großes Unglück treffen."

Nach einiger Zeit vergaß der Mann sein Versprechen. Als er einmal allein im Hause war, sah er den Korb im Dunkeln stehen, zog das Tuch davon und brach in ein lautes Lachen aus.

Als seine Frau heimkehrte, wusste sie sogleich, was geschehen war. Sie schaute ihn an und sagte weinend: „Du hast in den Korb geschaut!“ Der Mann aber lachte nur und sagte: „Du dummes Weib, was soll das Geheimnis um diesen Korb? Da ist ja gar nichts drin!“

Aber noch während er dies sagte, wandte sie sich von ihm ab, und sagte: „Ich verlasse dich nun.“ Sie ging in den Sonnenuntergang und wurde auf Erden nie wieder gesehen.

(Märchen aus Afrika)

Die missachteten Schätze der Frau

In diesem Märchen gibt es einen Mann, dem es ein einziges Mal gelingt, Jenseitiges, Numinoses, Himmlisches wahrzunehmen und festzuhalten. Aber schon hier zeigt sich eine seiner Schattenseiten. Er wendet beim Gewinnen der Sternenfrau einen gewissen Zwang an. Dennoch macht das gemeinsame Leben mit der Frau ihn reich, womit sicher nicht nur äußerer Reichtum gemeint ist.

Die Sternenfrau willigt zwar ein, mit dem Mann zu leben, setzt ihm aber eine Grenze: Ihr Heiliges, Weibliches (der Korb ist ein weibliches Symbol), ihre innerste Herzkammer, ist tabu für ihn. Neugierig und überheblich missachtet er ihre Grenzen und setzt sich über ihr Verbot hinweg. Man kann Dinge entweder nur mit den äußeren oder auch mit den Augen des Herzens betrachten. Er schaut nur mit seinen äußeren Augen in den Korb, und mit diesen kann er ja nur Materielles erkennen. So kann er all die unsichtbaren Schätze nicht wahrnehmen, die seine Frau in die Beziehung einbringt und die sie in ihrem tiefsten Seelenleben hegt. Noch schlimmer: Er macht sich darüber lustig. Er verspottet und diffamiert die Frau, als sie heimkommt. Sie geht weg, „nicht weil er sein Versprechen gebrochen hatte. Sie ging, weil er die schönen Sachen, die sie vom Himmel mitgebracht hatte, nicht sehen konnte und darüber sogar noch lachte.“[10]

➩ *Vielleicht schließen Sie kurz die Augen und stellen sich diesen Korb vor. Versuchen Sie, zu sehen, was bei Ihnen darin ist. – Gibt es darin Schätze, die Ihr früherer Partner gering geschätzt hat?*

Dieses Märchen erinnert mich an den Scheidungsauslöser eines Paares in meiner Bekanntschaft. Sie, eine erfolgreiche Geschäftsfrau, hatte sich zum ersten Mal eine Edelsteinkugel gekauft, freute sich daran und setzte sich am Abend mit einer Kerze hin, um sie zu betrachten und zur Ruhe zu kommen. Sie war ganz versunken, war ganz in ihrem Herzinnenraum, als plötzlich von hinten ihr Mann kam, ihr einen schmerzhaften Schlag versetzte und sie verspottete. Das war, nach vielen vorhergegangenen brutalen Erfahrungen, zuviel. Sie reichte die Scheidung ein. – Es ist leider eine häufige Schwierigkeit bei Paaren, dass Männer verachten, was Frauen heilig ist, ja, dass Männer insgeheim ihre eigene Frau verachten und ihre Bedürfnisse missachten. Dies kann auf die Dauer nicht gut gehen.

Außer der *Sternenfrau* gibt noch viele weitere Märchen, in denen eine Frau sich von ihrem Mann trennt. Dennoch werde nur noch eines davon in dieses Buch aufnehmen, denn, wie schon einmal gesagt: Es geht hier um Wegweisung und Trost für die getrennt lebende Frau (und nicht um den Weg des geschiedenen Mannes).

Fred Hyland um 1890

Die Frau aus dem See

Hoch in den Schwarzen Bergen im Süden von Wales liegt ein lieblicher See, genannt Llyn Y Fan Fach. Auf einem Bauernhof nicht weit vom See lebte in alten Zeiten eine Witwe, deren einziger Sohn auf den Namen Gwyn hörte. Als der Junge herangewachsen war, schickte ihn seine Mutter, um nach dem Vieh auf der Weide zu schauen. Die Stelle, an der das beste Gras wuchs, lag nahe dem Seeufer, und dorthin strebten die Kühe jeweils, wenn man ihnen den Willen ließ. Dort sah Gwyn eines Tages den Rindern zu, als er zu seinem Erstaunen in dem klaren, spiegelglatten Wasser in einiger Entfernung vom Land eine Frau wahrnahm. Sie war das schönste Geschöpf, das er je zu sehen bekommen hatte. Sie kämmte sich ihr langes Haar mit einem goldenen Kamm, und die Wasseroberfläche diente ihr dabei als Spiegel. Er stand wie erstarrt am Ufer, sah zu ihr hin und wusste auf der Stelle, dass er in sie verliebt war. Ohne sich dessen recht bewusst zu sein, was er tat, streckte er ihr das Stück Gerstenbrot und den Käse hin, die Mahlzeit, die ihm die Mutter mitgegeben hatte, als er von daheim fortging.

Die Frau bewegte sich auf ihn zu, schüttelte aber dann, als er seine Hand nach ihr ausstreckte, den Kopf und rief:

Oh du mit deinem Gerstenbrot!
Es ist nicht so leicht, mich zu fangen!

Darauf tauchte sie unter und war verschwunden. Bekümmert ging er heim und erzählte seiner Mutter von dem, was er gesehen hatte. Als sie über die seltsamen Worte nachdachten, welche die geheimnisvolle Frau ausgerufen hatte, ehe sie verschwand, kamen sie zu dem Schluss, dass mit dem frisch gebackenen Brot ein Zauber verbunden sein müsse. Da riet die Mutter dem Sohn, das nächste Mal, wenn er zum See gehe, etwas ungebackenen Teig mitzunehmen.

Am nächsten Morgen, ehe die Sonne über den Kamm des Gebirges stieg, war Gwyn mit dem Teig in der Hand am Ufer und wartete begierig darauf, ob die Frau aus dem See aus dem Wasser aufsteigen werde. Die Sonne ging auf, und ihre warmen Strahlen vertrieben die Nebel, aber die Frau erschien nicht. Stunde um Stunde wartete der junge Mann am Ufer, aber nichts war zu sehen, als die leichte Kräuselung der Wellen und das Blitzen der Sonnenstrahlen auf ihnen. Am späten Nachmittag überkam den jungen Mann Verzweiflung, und er war gerade im Begriff fortzugehen, als plötzlich die Frau aus dem lichtsprühenden Wasser auftauchte. Sie erschien ihm noch schöner als das erste Mal, und er schaute und schaute. Plötzlich fiel ihm der Teig ein, den er mitgebracht hatte, und er streckte ihr den entgegen. Wieder schüttelte sie den Kopf und rief ihm zu:

Du mit dem feuchten Teig,
dich will ich nicht haben!

Ehe sie wieder ins Wasser tauchte, warf sie dem Burschen einen Blick zu, dass seine Liebe zu ihr noch mehr wuchs. Auf dem Heimweg tröstete ihn in all seiner Traurigkeit der Gedanke an ihr Lächeln und er hoffte, dass sie beim nächsten Mal sein Geschenk nicht ablehnen würde. Er erzählte wieder seiner Mutter, was geschehen war, und da die Frau sich geweigert hatte, gebackenes Brot und ungebackenen Teig anzunehmen, riet sie ihm, es das nächste Mal mit halbgebackenem Brot zu versuchen.

In dieser Nacht tat er kein Auge zu, und lange vor Anbruch des neuen Tages lief er mit dem halbgebackenen Brot in der Hand zum Ufer des Sees und blickte ungeduldiger denn je auf die Oberfläche des Wassers hin. Die Sonne ging auf. Es begann zu regnen, aber der junge Mann ließ die Augen nicht vom See. Der Vormittag wurde zum Nachmittag, der Nachmittag neigte sich dem Abend entgegen, und noch immer sah er nichts anderes als die unzähligen Wassertropfen des Regens auf dem See. Dic Schatten der Nacht begannen zu fallen, und Gwyn wollte schon voll Enttäuschung heimgehen, als er einen letzten Blick auf den See warf. Zu seinem größten Erstaunen bemerkte er, dass einige Kühe aus dem Wasser auftauchten. Es dauerte danach nicht lange, da sah er auch die Frau. Sie schien ihm begehrenswerter denn je, und er geriet fast außer sich vor Freude.

Seine Erregung nahm noch zu, als sie sich allmählich dem Land näherte, und er watete ins Wasser, um ihr entgegenzugehen. Dabei streckte er das halb durchgebackene Brot aus. Lächelnd nahm sie es und folgte ihm auf die Wiese. Zuerst war er sprachlos und starrte sie nur an. Dabei bemerkte er, dass ihr rechter Schuh auf seltsame Weise gebunden war. Schließlich fand er die Sprache wieder und sagte: „Schöne Frau, ich liebe dich mehr als alles auf der Welt, und ich möchte, dass du mich heiratest."

Zuerst wollte sie nicht davon hören. Als er sie aber weiter mit seinem Antrag bedrängte, versprach sie schließlich, seine Frau zu werden, jedoch nur unter einer Bedingung. „Ich werde dich heiraten, aber nur so lange bei dir bleiben, bis ich von dir dreimal grundlos geschlagen werde. Wenn du mich das dritte Mal wirst geschlagen haben, werde ich dich für immer verlassen." Er rief, das werde nie geschehen, eher werde er sich selbst die Hand abschlagen, als sie plötzlich davonlief und im See untertauchte. Seine Bestürzung und Enttäuschung waren so groß, dass er sich das Leben nehmen wollte. Er stieg auf einen hohen Felsen über dem Wasser und wollte sich von dort hinabstürzen, als er jemanden sagen hörte: „Nicht so eilig, junger Mann. Komm einmal her!"

Er wandte sich um und sah am Ufer des Sees in einiger Entfernung einen bärtigen alten Mann stehen, der von zwei jungen Mädchen begleitet wurde. Der Bauernsohn stieg vom Felsen herab und zitterte am ganzen Leibe. Der Alte kam auf ihn zu und sagte nun recht freundlich: „Sterblicher, du willst also eine meiner Töchter heiraten. Ich bin damit einverstanden, wenn du mir zeigen kannst, welche der beiden es ist, die du liebst."

Gwyn sah die beiden Frauen an. Sie glichen einander in Statur, Aussehen und Schönheit völlig, und er konnte nicht den geringsten Unterschied zwischen ihnen bemerken. Die Vorstellung, die falsche zu wählen und so seine Liebste für immer zu verlieren, trieb ihn fast zum Wahnsinn. Plötzlich sah er, dass eines der Mädchen vorsichtig ihren Fuß ein wenig vorschob. Die einfache Bewegung entging dem jungen Mann nicht. Er sah, dass sie den Schuh auf jene besondere Art gebunden trug, die ihm zuvor aufgefallen war. Entschlossen trat er vor und ergriff ihre Hand. „Du hast recht gewählt", sagte der alte Mann. „Sei ihr ein freundlicher und liebevoller Ehemann, und ich will ihr als Mitgift soviel Schafe, Rinder, Schweine und Pferde geben, wie sie zählen kann, ohne dabei Atem zu holen. Aber denke daran: Wenn du sie dreimal grundlos schlägst, wird sie zu mir zurückkehren."

Gwyn war überglücklich und schwor, dass er sich lieber beide Hände abschlagen werde, als seine Frau auch nur einmal zu schlagen. Der alte Mann lächelte, wandte sich seiner Tochter zu und forderte sie auf, die Zahl der Schafe auszuzählen, die sie mitzunehmen wünsche. Sie zählte jeweils bis fünf und dies so oft, bis sie erneut Atem holen musste. Sogleich tauchten so viele Schafe, wie sie gezählt hatte, aus dem Wasser auf. Darauf hieß ihr Vater sie wieder zählen, und nun erschienen schwarze Rinder. Auf dieselbe Weise zählte sie die Ziegen, Schweine und Pferde, und als alles Vieh aufgetaucht war, verschwand der Alte mit der anderen Tochter.

Die Frau aus dem See und Gwyn heirateten und bauten sich einen großen Hof, und dort lebten sie viele Jahre. Sie waren so glücklich, wie Menschen nur sein können. Alles gedieh ihnen und es wurden ihnen drei Söhne geboren. Als das älteste der Kinder sieben Jahre alt war, fand in der Umgebung eine Hochzeit statt, zu der Nelferch – dies war der Name der Frau – zusammen mit ihrem Mann eingeladen wurde. Als der Tag des Festes herankam, brachen die beiden auf und liefen über eine Wiese, auf der ihre Pferde weideten. Da kam es Nelferch ein, dass es doch ein recht weiter Weg sei, und sie sagte, sie wolle lieber doch nicht hingehen.

„Wir müssen dorthin", sagte ihr Mann, „und wenn es dir zum Gehen zu weit ist, kannst du ja auf einem Pferd reiten. Fang dir nur eines ein. ich gehe inzwischen und hole dir Sattel und Zaumzeug." – „Gut", sprach sie, „aber bring mir auch meine Handschuhe mit. Ich habe sie vergessen, sie liegen auf dem Tisch." Der Mann ging ins Haus, doch als er mit dem Sattel, dem Zaumzeug und den Handschuhen zurückkam, sah er zu seinem Erstaunen, dass sie sich nicht von der Stelle gerührt

hatte. Da wies er auf die Pferde, gab ihr mit den Handschuhen einen leichten Schlag auf den Arm und sagte: „Dos, dos! Nun geh schon!“ – „Dies war der erste grundlose Schlag, den du mir versetzt hast“, sagte sie mit einem Seufzer und erinnerte ihn an die Bedingung, in die er eingewilligt hatte, als er sie heiratete und die er unterdessen fast vergessen hatte

Viele Jahre danach waren sie auf einer Taufe. Alle Gäste waren ausgelassen und lustig, da brach Nelferch plötzlich in Tränen aus und stöhnte jämmerlich. Gwyn schlug ihr leicht auf die Schulter und fragte sie, was sie denn habe. „Ich weine, weil dieses arme, unschuldige Kind so schwach und hinfällig ist, dass es auf der Welt keine Freude kennen wird. Schmerzen und Leiden werden seine kurzen Tage auf der Erde ausfüllen. Und kaum geboren, wird der Tod es schon wieder einholen. Du aber, Mann, hast mich eben zum zweiten Mal grundlos geschlagen.“

Von da an bemühte Gwyn sich bei Tag und bei Nacht, nur nichts zu tun, was als Bruch jenes Versprechens hätte gelten können, das er vor seiner Heirat gegeben hatte. Er war so glücklich mit Nelferch und seinen Kindern und wusste, dass es ihm das Herz brechen würde, wenn er durch einen Zufall ihr den dritten Schlag versetzen sollte. Kurz nach der Taufe starb das kleine Kind, wie Nelferch es vorhergesagt hatte. Gwyn und seine Frau gingen zum Begräbnis, und mitten in all der Trauer brach Nelferch in lautes Gelächter aus. Alle sahen sie erstaunt an. Ihr Mann war so bestürzt darüber, dass er sie anstieß und ihr zuraunte: „Still, Frau! Was gibt's da zu lachen?“ – „Ich lache, weil dieses arme kleine Kind endlich von seinen Schmerzen erlöst ist. Aber du hast mich nun zum dritten Mal geschlagen, und ich muss fort.“

Sofort brach sie auf, und als sie zu ihrem Gehöft kam, rief sie all ihr Vieh zusammen, indem sie jedes beim Namen nannte: „Du braune Kuh und du gefleckte, du mit dem weißen Gesicht, du graue Geigen mit dem weißen Bullen vom Hof des Königs, und du kleines schwarzes Kalb dort am Haken, kommt alle her zu mir! Wir müssen jetzt heim.“ Alle Tiere gehorchten sogleich ihrem Befehl. Auch das kleine schwarze Kalb, obwohl es doch geschlachtet vom Haken herabhing, wurde wieder lebendig und folgte ihr nach, zusammen mit allen Ziegen, Schafen und Schweinen. Es war Frühling, als dies geschah, und auf einem der Felder pflügte ein Knecht mit vier Ochsen. Denen rief sie zu: „Ihr vier grauen Ochsen dort auf dem Feld, kommt alle mit, wir müssen jetzt heim." Und mit all dem Vieh überquerte sie den Kamm des Gebirges und verschwand mit den Tieren in den Fluten des Sees. Die einzige Spur, die blieb, war eine Furche, die der Pflug gemacht hatte, welche die Ochsen noch hinter sich her schleppten, als sie in den See hineinwateten. Und die kann man sehen bis auf den heutigen Tag.

Gwyn brach das Herz. Er folgte seiner Frau zum See, klagte und jammerte, und am Ende stürzte er sich an einer tiefen Stelle ins Wasser und fand den Tod. Auch die drei Söhne klagte um die verlorene Mutter und wären beinah dem Beispiel des Vaters gefolgt. Tagelang strichen sie um den See, bis endlich ihre Liebe belohnt wurde, denn plötzlich stand Nelferch vor ihnen. Sie erkärte ihnen, dass es ihre Aufgabe auf Erden sei, den Schmerz und das Elend der Menschen zu lindern. Sie führte sie zu einer Stelle, die immer noch Pant Y Meddigon *genannt wird. Dort zeigte sie ihnen bestimmte Pflanzen und Kräuter und unterwies sie in der Kunst des Heilens.*

Durch das, was sie von der Mutter gelernt hatten, wurden die drei Söhne die geschicktesten Ärzte im ganzen Land. Der Gutsherr verlieh ihnen Titel und schenkte ihnen Land bei Myddfai. *Sie übten dort lange ihre Kunst aus halfen allen, die zu ihnen kamen. Der Ruf der Ärzte von Myddfai verbreitete sich über ganz Wales und blieb über Jahrhunderte hindurch auch ihren Nachfahren treu.*

Märchen aus Wales

Von schwieriger Verständigung und verlorener Behutsamkeit

Diese Geschichte zeigt uns, welche großen Schwierigkeiten Frauen und Männer in der Kommunikation und im gemeinsamen Leben miteinander haben. Das Märchen drückt das im Bild von zwei verschiedenen Herkunftselementen aus: die Frau kommt aus dem Wasser, der Mann vom Land. Das kann in der Tat einen Trennungskeim beinhalten und zu wachsenden Spannungen führen.

Die Werbung

Hier ist in poetischer Schönheit eine behutsame Annäherung der Liebenden geschildert.

⇨ *Lassen Sie in sich das Bild des Sees aufsteigen.*
Danach schauen Sie den jungen Hirten Gwyn an. Er steht am Ufer und hält der Frau aus dem See mit ausgestreckten Händen sein Brot hin.
Versuchen Sie dann, die schöne Frau aus dem See und ihr strahlendes Lächeln mit Ihren inneren Augen zu sehen.
Schauen Sie zuletzt zu, wie beide sich aus ihren jeweiligen Elementen vorsichtig aufeinander zu bewegen.

Das unreife Gefühlsleben des Mannes

Gwyn ist ein noch sehr mutterbezogener Bursche. Zudem gerät er leicht in extreme Gefühle: Er ist außer sich vor Freude, als er sie erblickt und als sie zusagt, ihn zu heiraten. Kurz danach aber, als sie wieder im See verschwindet, will er sich enttäuscht und bestürzt das Leben nehmen. Ebenso ist er wieder verzweifelt, als er die rechte Braut nicht sofort erkennen kann. Er hat offensichtlich kein stabiles Selbstwertgefühl. Das sucht er außen und bei der Frau nach dem Motto: „Du bist mein Ein und mein Alles! Ohne dich kann und will ich nicht leben.“ Diese Haltung, die in der Jugend und im Zustand des Verliebtseins noch verständlich und zulässig ist, muss sich im Lauf des späteren Zusammenlebens wandeln, wenn sie nicht zu so fatalen Folgen wie dem Suizid am Ende der Geschichte führen soll. Gwyn drückt sich offensichtlich, wie so viele Männer auch, um seinen eigenen inneren Entwicklungsweg. Er sucht sein ganzes Glück in der Beziehung. Aber keine Beziehung nimmt einem Menschen die innere Arbeit ab, keine heilt wie mit Zauberhand alle seine Neurosen, Kindheitswunden und Fehlhaltungen!

Die Heirat und ihre Bedingungen

In Parallelmärchen will die Frau den Mann verlassen, wenn er sie *ein*mal schlägt. Hier will sie sich von ihm trennen, wenn er sie dreimal grundlos schlägt. Jedesmal zeigt die Frau vorher selbstbewusst und klar auf, bis zu welcher Grenze sie bereit ist, mit ihm zusammenzuleben. Schon hier fragen wir uns besorgt, ob er die Bedingung wohl einhalten wird.

Die Frau aus dem See ist keine irdische Frau. Das zeigt sich in der Gestalt ihres Vaters und in der Fülle der Tiere, die sie aus dem See zu sich ruft. Dieser ganze Reichtum gehört aber ihr, und sie wird ihn wieder mit sich nehmen, wenn sie ihn verlässt. Die Armut des Mannes – und damit kann sehr wohl auch seine innere Armut gemeint sein – und die Fülle der Frau sind von vorne herein nicht im Gleichgewicht. Dennoch leben beide zunächst glücklich miteinander. Ihre Verbindung ist fruchtbar: neues Leben entspringt der Ehe in der Gestalt von drei Söhnen.

Die drei Schläge

Auf den ersten Blick erscheinen diese Schläge als nicht so gravierend. Beim genauen Hinsehen aber zeigt sich, dass sie einer fatalen Bewusstseinshaltung des Mannes entspringen. Den ersten Schlag gibt er ihr, weil sie nicht – oder in seiner Erwartung nicht schnell genug – das getan hat, was er sie geheißen hat. Er gesteht ihr nicht zu, Dinge in ihrem eigenen Tempo zu tun. Den zweiten und dritten Schlag gibt er ihr, weil ihm ihre außergewöhnliche Art peinlich ist, mit der sie gegen herkömmliche Sitten verstößt. Er weiß auch nach langem Zusammenleben nicht, dass sie eine eigene Herzensweisheit hat und daraus handelt. Die Meinung der Leute ist ihm wichtiger als der Schutz seiner Frau. Letztlich steht er nicht zu ihr und vertraut ihr nicht.

Wie grundlegend sind hier seine ursprüngliche Achtung und Behutsamkeit verloren gegangen!

⇨ *Versuchen Sie mit Ihren inneren Augen die lachende Frau bei der Beerdigung zu sehen, dann den peinlich berührten Mann, der sich ihrer schämt, und zuletzt den Schlag, den er ihr versetzt.*

Auch „leichte“ Schläge können ein großes Gewicht haben! Nelferch, die Tochter des Seekönigs, die Frau aus dem Wasser, trennt sich von ihrem Mann und zieht sich mit all ihrem lebendigen Reichtum zurück in ihr eigentliches Element. Er bleibt, in jeder Beziehung verarmt und verzweifelt, zurück und sucht zuletzt den Tod im Wasser.

Heilsame Früchte der Trennung

Anders als „Die Sternenfrau“ hört diese Geschichte nicht mit der Trennung auf. Die Mutter lehrt die Söhne die Kunst des Heilens, sodass sie berühmte Ärzte werden, die unzähligen Menschen Hilfe bringen. ♥ In ganz besonderer Weise spiegelt dieses Märchen die Schwierigkeiten der Paarbeziehung. Es warnt Frauen wie Männer vor fehlender Achtung und Behutsamkeit. Zugleich aber gibt es als geprüfte Menschheitserfahrung weiter, dass bei einer Trennung zwar Altes stirbt, aber auch Neues entstehen kann. Ferner drückt dieses Märchen noch etwas sehr Tröstliches aus: Unsere „Söhne“, ♥ vielleicht unsere noch wachsenden männlichen Persönlichkeitsteile, können nach der Trennung eine neue Verbindung zu den weiblichen Elementen Erde und Wasser gewinnen, ja, zum Mütterlichen überhaupt. Anders gesagt: Durch jede Scheidung kann Heilendes geschehen, kann neuer Reichtum und ein neuer Platz auf der Erde gewonnen werden. Nach dem Schmerz des Abschieds können wir in neuer Weise und in neuen Rollen zu Heilbringerinnen für viele Menschen werden.

Trennung und Abschied

Die eigentliche Trennung hat auch im Märchen verschiedene Auslöser.

Die Bosheit, der Neid und die Verleumdung der Umwelt führen zuletzt zu Taten mit fatalen Folgen: Da vertauscht die Stiefmutter die neugeborenen goldenen Kinder mit schwarzen Hunden, worauf der Mann die Frau verstößt.

Oft werden auch die im vorigen Kapitel genannten Verbote übertreten. Da wird der fast erlöste Tierbräutigam durch die nächtliche Neugier seiner Frau erneut verwandelt. Stets ist der Jammer groß: „Hättest du noch drei Tage gewartet, ich wäre für immer erlöst gewesen!“ Nun wird er entweder in einen Vogel verwandelt, oder er muss zum Ende der Welt, um dort die ungeliebte Trollhexe zu heiraten.

Obwohl Vorzeichen doch vor ihr gewarnt haben, ist die tatsächliche Trennung auch im Märchen meist ein plötzliches Ereignis, ein Schock, der große Bestürzung, tiefe Trauer, Verzweiflung und manchmal Reue auslöst. Hier einige Märchenstellen:

„Sie weinte und weinte und wollte sich nicht trösten lassen. – Er schloss sich in seine Kammer ein und ließ niemand zu sich. – Da stand die arme Weitgereiste und war von aller Welt verlassen. – Nun war sie ganz allein in der weiten Welt und wusste nicht woher noch wohin. – Der Zarensohn klagte und weinte in einem fort.“

Die verlassene Partnerin versucht auch manchmal, ihren Liebsten festzuhalten:

„Sie weinte und jammerte, aber er musste auf alle Fälle fort. Schließlich fragte sie, ob sie nicht mitgehen dürfe. Das sei nicht möglich, sagte er. Aber als er in Bärengestalt fortging, packte sie ihn am Fell schwang sich auf seinen Rücken und hielt sich fest. Es ging über Berg und Halden, durch Gestrüpp und niederes Holz, bis ihr die Kleider vom Leib gerissen wurden und sie so todmüde war, dass sie losließ und nichts mehr von sich wusste.“[11]

Auch diese Trennungsphase wird vielen Frauen wohlbekannt sein.

Manchmal wird der Abschied bewusst genommen und die Schicksalshaftigkeit der Trennung betont: *„Nun muss ich fort.“* Diesen Satz sagen erstaunlicherweise besonders die Männer im Märchen. Es werden auch Abschiedsworte ausgesprochen, in denen auch Hinweise für den Ort gegeben werden, an dem der oder die Liebste wiedergefunden werden kann. Er nennt etwa das Schloss „östlich von der Sonne und westlich vom Mond“ oder das Dorf „Kuschkundu“. Sie umgekehrt entschwindet auf den „Gläsernen Berg auf dem blanken Feld“, in das „Soria-Moria-Schloss“ oder nach „Weißland“. Dabei sind die Namen der Orte so ausgefallen, dass niemand sie zunächst kennt. Die Wanderung muss also hier letztlich genauso ins Ungewisse angetreten werden, wie in denjenigen Märchen, in denen überhaupt kein Ziel angegeben wird. ♥ Auch darin können wir geschiedenen Frauen uns wiederfinden: Diese Ziellosigkeit, diese fehlende Orientierung ist uns aus der Zeit kurz nach der Trennung nur zu gut bekannt!

Für die eigentliche Trennung möchte ich nun zwei Märchenbeispiele bringen: eines, für eine sanfte, eines für eine gewaltsame Trennung.

Eugène Samuel Grasset 1899

Prinz Schwan

Es war ein Mädchen, das geriet in einen großen Wald und war dort mutterseelig allein, da begegnete ihr ein schneeweißer Schwan, der hatte ein Knäuel Garn und sprach zu ihr: „Ich bin ein verzauberter Prinz, aber du kannst mich erlösen, wenn du diesen Knäuel Garn abwickelst, an dem ich fortfliege; doch hüte dich, dass du den Faden nicht entzweireißt, sonst komm' ich nicht in mein Königreich und werde nicht erlöst; wickelst du den Knäuel aber ganz ab, dann bist du meine Braut."

Das Mädchen nahm den Knäuel, und der Schwan stieg auf in die Luft, und das Garn wickelte sich leicht ab. Es wickelte und wickelte den ganzen Tag, und am Abend war schon das Ende des Fadens zu sehen, da blieb er unglückerweise an einem Dornstrauch hängen und riss ab. Das Mädchen setzte sich hin und weinte bitterlich. Indessen war es Nacht geworden, die Sternlein blinkten am Himmel und der Wind wehte so laut in dem Wald, dass ihr Angst ward, und sie anfing zu laufen, was sie nur konnte.

Endlich erblickte sie in der Ferne ein kleines Licht, und als sie dorthin kam, war es ein Haus und sie klopfte an die Tür. Ein altes Mütterchen trat heraus von freundlichem Angesicht, und verwunderte sich, wie es sah, dass ein Mädchen vor der Tür war: „Ei, mein Kind, wo kommst du so spät her?" – „Ich habe mich in dem Wald verirrt, gebt mir doch heut Nacht eine Herberge und ein wenig Brot." – „Das ist ein schweres Ding," sagte die Alte, ich gäbe es dir gern, aber mein Mann ist ein Menschenfresser, wenn der nach Haus kommt und findet dich, so ist es um dich geschehen. Doch wenn du draußen bleibst, so fressen dich die wilden Tiere, ich will sehen, ob ich dir forthelfen kann." Sie nahm das Mädchen herein, gab ihr ein wenig Brot zu essen und versteckte sie dann unter dem Bett. Es dauerte nicht lange, so kam der Mann heim. „Ich wittre, wittre

Menschenfleisch!" sprach er, suchte in der Stube und zog sie unter dem Bett hervor. Die Frau aber bat und bat, bis er versprach, sie die Nacht über noch leben zu lassen. Vor Sonnenaufgang aber weckte die Alte das Mädchen: „Eil dich, dass du fortkommst, eh mein Mann aufwacht, da schenk ich dir ein goldenes Spinnrädchen, das halt in Ehren, ich heiße Sonne."

Darauf ging das Mädchen den ganzen Tag wieder durch die Wildnis und kam am Abend wieder an ein Haus, da war alles wie am vorigen Abend. Die zweite Alte gab ihr beim Abschied eine goldene Spindel und sprach: „Ich heiße Mond." – Und am dritten Abend kam sie an ein drittes Haus, da schenkte ihr die Alte eine goldene Haspel und sagte: „Ich heiße Stern." Und sprach weiter: „Obgleich der Faden abgerissen ist, so war der Prinz Schwan doch so weit, dass er in sein Reich gelangen konnte, dort ist er König und hat sich schon verheiratet und lebt in großer Herrlichkeit auf dem gläsernen Berg. Heute Abend wirst du dort anlangen. Aber ein Drache und ein Löwe bewachen ihn, darum nimm diesen Speck und dieses Brot, das wirf den beiden Ungeheuern in den Rachen, so werden sie dich durchlassen."

So geschah es auch, aber in das Schloss selbst ließen die Wächter sie nicht hinein. Da setzte sie sich vor das Tor und fing an, auf ihrem goldenen Rädchen zu spinnen. Die Königin trat heraus und wollte das Rädchen haben. Das Mädchen versprach es ihr, wenn sie erlauben wollte, dass sie eine Nacht neben dem Schlafzimmer des Königs zubrächte. Die Königin sagte es zu, und das Mädchen ward hinaufgeführt. Dieses Gemach aber war so eingerichtet, dass der König alles hören konnte, was darin gesprochen wurde. Das Mädchen nahm eine Harfe, die darin stand, und sang die ganze Nacht:

Denkt der König Schwan
noch an seine versprochene Braut Julian'?
Die ist gangen durch Sonne, Mond und Stern,
durch Löwen und durch Drachen,
will der König Schwan denn gar nicht erwachen?

Allein der König erwachte nicht, denn die listige Königin hatte ihm einen Schlaftrunk gegeben.

Am Morgen war alles verloren, sie musste wieder vor das Tor. Da setzte sie sich hin und spann mit ihrer Spindel. Die wollte die Königin wieder haben, und das Mädchen versprach sie ihr unter derselben Bedingung. Da sang sie wieder:

Denkt der König Schwan
noch an seine versprochene Braut Julian'?
Die ist gangen durch Sonne, Mond und Stern,
durch Löwen und durch Drachen:
will der König Schwan denn gar nicht erwachen?

Der König aber schlief wieder fest von dem Schlaftrunk, und das Mädchen hatte auch die Spindel verloren.

Da setzte sie sich am dritten Morgen mit ihrer goldenen Haspel vor das Tor und haspelte. Die Königin wollte auch diese Kostbarkeit haben und versprach dem Mädchen, es dürfe dafür noch eine Nacht neben dem Schlafzimmer bleiben. Das Mädchen hatte aber den Betrug gemerkt und bat den Diener des Königs, er möge diesem heute Abend etwas anderes zu trinken geben. Da sang sie noch einmal:

Denkt der König Schwan
noch an seine versprochene Braut Julian'?
Die ist gangen durch Sonne, Mond und Stern,
durch Löwen und durch Drachen:
will der König Schwan denn gar nicht erwachen?

Da erwachte der König, und als er ihre Stimme hörte, erkannte er sie und fragte die Königin: „Wenn man einen alten Schlüssel verloren hat und ihn wiederfindet, behält man dann den alten oder den neu gemachten?" Die Königin sagte: „Ganz gewiss den alten." – „Nun, dann kannst du meine Gemahlin nicht länger sein, ich habe meine erste Braut wiedergefunden." Am anderen Morgen musste die Königin wieder zu ihrem Vater heimgehen und der König kam mit vielen Freuden zu dem Mädchen und und vermählte sich mit ihr.

(Brüder Grimm, Kinder- und Hausmärchen)

Anmerkung: Von diesem Märchen ist noch die handschriftliche Urfassung der Brüder Grimm von 1810 erhalten. Sie haben es, sprachlich verändert, 1812 in die erste Ausgabe der „Kinder- und Hausmärchen" aufgenommen. Meiner Bearbeitung habe ich beide Fassungen zugrunde gelegt und dabei das schöne alte Wort „mutterseelig“ stehenlassen.

Bei der nun folgenden Märchenbetrachtung werden Sie außergewöhnlich viele Imaginationsvorschläge finden. Gemeint ist nicht, dass Sie alle aufgreifen sollen. Vielmehr soll bei dieser gründlichen Betrachtung einmal die Fülle der Assoziationen aufgezeigt werden, die eine Frauengruppe zu den jeweiligen Bildern hatte.

Der abgerissene Faden

Ein Mädchen, ganz allein in einem großen Wald - ein Bild für Einsamkeit und Verlassenheit in einer undurchschaubaren Situation. Erstaunlicherweise begegnet ihr genau da ein schneeweißer Schwan. Schwäne wurden in griechischen, germanischen und slawischen Traditionen als Symbol des Lichts verstanden. Dieser Schwan aber ist ein hilfsbedürftiges Wesen, das um Erlösung bittet. Diese soll nun auf eine Weise geschehen, die ich von keinem anderen Märchen kenne.

⇨ *Das Mädchen mit dem Knäuel und der Schwan, der sich am Faden in die Luft erhebt: Versuchen Sie, innerlich zu schauen, wie dieses Bild in Ihnen aussieht!*

Das Bild könnte meinen:

die innere Verbundenheit der Partner
einen Mann, dem die Frau die Bodenhaftung gibt
eine sehr hilfsbereite Frau
einen fortstrebenden Mann
ein verknäueltes Männerleben
einen Energietransfer von der Frau zum Mann
die Verbindung zu einem erlösungsbedürftigen Animus

⇨ *Der Faden reißt – das Mädchen weint*
Wie sieht das für Sie aus? Wie fühlt es sich an?

Ist das Mädchen nun „schuld“ an der Trennung? Oder zeigt uns das Märchen hier nicht, dass Trennungen einfach geschehen? Jedenfalls ist das Mädchen nun einsamer als zuvor, und eine große Angst überfällt sie. Diese Verlassenheitsangst aber bewirkt einen Aufbruch, sie treibt sie vorwärts. ♥ Dieser abgerissene Faden kann auch ein sehr stimmiges Bild sein für eine abgerissene Beziehung zum Partner oder zu unserer inneren männlichen Seite. Oder ist hier eine zwangsläufige Zeit der Distanz im Leben eines Paares gemeint?

⇨ *Die Begegnung mit Sonne, Mond und Stern und mit den drei Menschenfressern*

Versuchen Sie vor Ihren inneren Augen zu sehen, wie sie sich in den drei Häusern abgespielt hat!

Sie könnte stehen für:

eine Begegnung mit kosmischen Mächten
Geschenke der himmlischen Mächte
eine Begegnung mit gefährlichen Schattenanteilen
die enge Verbindung von Gut und Böse
eine tiefe Geborgenheit in Lebensgefahr

♥ Löwe und Drache beim Tor können für aggressiv-destruktive Gefühle stehen, die jede Frau auf ihrem Trennungsweg zeitweise zu verschlingen drohen. Wie gut, wenn sie dann Himmelsnahrung aus jenseitigen Dimensionen auf ihrem Weg gewonnen hat! Kann das für uns heißen, dass mystische Erfahrungen solche Gefühle bannen könnnen? Löwe und Drache können aber auch stehen für die Gefahren der Trennungszeit. Sie können auch als Grenzwächter verstanden werden, die vor der neuen Ganzheit überwunden werden müssen.

⇨ *Spinnen und Haspeln mit goldenenen Geräten*

(Eine Haspel ist ein Gerät, mit dem der gesponnene Faden aufgewickelt werden kann.)

Wie erscheinen diese drei goldenen Geräte in meiner Phantasie?

Sie können einsichtig werden für:

Weiblichkeit
ganzheitliches Frau-Sein
die Lichtnatur der wahren Braut
den inneren Reichtum der wahren Braut
ein Verständnis für das, was Spinnen und Haspeln wesenhaft bedeuten

Der spätere „Verkauf“ der goldenen Geräte scheint uns für eine ärgerliche Bettlerinnenhaltung zu stehen. Wenn dieser nur des Mannes wegen geschähe, wäre er wirklich entwürdigend. ♥ – Aber es geht ja letztlich um die eigene Ganzheit der Frau. Und die ist jedes Einsatzes wert!

⇨ *Die dreimalige Anrufung des Königs*
Versuchen Sie, Harfenspiel und Gesang des Mädchens zu hören!
Singen oder sprechen Sie das Lied mit!

Das Märchen setzt oft Verse ein an der Grenze von Diesseitigem und Jenseitigem, von Profanem und Numinosem. Diese Sprüche haben tatsächlich magische Kraft, was Sie beim dreimaligen lauten Rezitieren des Gedichts selbst erfahren können. Der Inhalt des Spruches ist erstaunlich: Sie beschwört keine gemeinsamen Erinnerungen. Sie sucht ihn zu wecken, indem sie sich auf ihren eigenen initiatischen Weltenweg durch Himmel und Hölle beruft. Beim dritten Anruf erwacht der König endlich. ♥ Vielleicht war er harthörig, wenn seine Seele ihn rief, vielleicht hatte er die Verbindung zu ihr verloren.

Das Schlüsselrätsel

Dieses Gleichnis kommt in vielen Märchen vor. Ob nun ein Mann seine zweite Braut, ob eine Frau ihren zweiten Bräutigam fragt oder ob eine ganze Hochzeitsgesellschaft gefragt wird – stets ist die Antwort eindeutig dieselbe: Der alte, wiedergefundene Schlüssel soll benutzt werden, d. h. die ursprüngliche Liebste, der ursprüngliche Liebste soll geheiratet werden. Und stets räumt der oder die „Neue“ ohne Komplikationen das Feld, was sie wohl nicht täten, wenn sie nicht abstrakte Märchenfiguren wären. Wirkliche Menschen aus Fleisch und Blut würden hier wohl anders reagieren. ♥ Mit dieser Entscheidung für den alten Schlüssel könnte eine Erinnerung des Menschen an die eigene ursprünglichen Lebensaufgabe und Lebensthematik verbunden sein. Die „falsche“ Braut könnte dann als Verrat am Urbild des eigenen Wesens verstanden werden. Dieses Schlüsselrätsel berührt aber auch eine Sehnsucht verlassener Frauen. Wir hoffen nach der Trennung oft, dass unser Mann irgendwann einmal wieder zu uns als der „wahren“ Braut zurückkehrt. Das *kann* tatsächlich durchaus möglich sein, sagt das Märchen. Es ist aber genau so ein Grund zur Freude, wenn eine Frau intrapsychisch mit ihren männlichen Anteilen zu einer neuen Einheit findet.

Ich möchte Sie noch auf einen ganz kostbaren Handlungsfaden dieses Märchens aufmerksam machen: Ganz wunderbar ist, wie das

Mädchen auf ihrem Trennungsweg „zufällig" von einem Ort zum anderen geführt wird und wie sich eine hilfreiche Situation an die andere reiht. Kennen wir das nicht auch von unserem Leben? Und kann uns das nicht auch Mut für unseren eigenen Trennungsweg machen?

Eine ganz andere Art von Trennung schildert die nächste Geschichte. Volksmärchen erzählen ja nicht von einer paradiesischen Welt, sondern vom Leben, so, wie es ist. Dazu gehört leider auch Gewalt des Mannes gegen die Frau, die ja auch ein häufiger Scheidungsgrund ist. Auch im Volksmärchen erfahren Frauen Brutales: *„Der Zar wurde böse, und sie bestrichen ihren Kopf mit Teer und schickten sie, die Enten zu hüten."* Oder sie wird bis zum Hals in die Erde eingegraben oder in einen Turm eingesperrt. Oder sie sitzt im Tor, und jeder, der vorbeikommt, bespuckt sie. Oder ihr Mann misshandelt die vermeintlich untreue Gattin, bis sie wie tot liegen bleibt. Oder die Schwiegermutter lässt das Haus der nicht akzeptierten Braut des Sohnes verbrennen. Oder die Hexe wirft die richtige Frau in den Fluss und nimmt ihre Gestalt an und ihren Platz beim König ein. Mit all diesen Bildern können natürlich auch innere seelische Notlagen gemeint sein.

Das nun folgende Märchen aus Albanien malt düstere Bilder der Verzweiflung und strahlende Bilder der Zuversicht.

E. Tönnies 1897

Das Mädchen im Kasten

Es war einmal eine arme alte Frau, die hatte einen Sohn. Als er herangewachsen war, sprach sie zu ihm: „Mein Sohn, wir sind kleine Leute; jetzt, wo du erwachsen bist, musst du dich umsehen, einen Dienst zu finden, damit wir leben können, denn ich kann dir nichts mehr zu essen geben." Der Sohn sah ein, dass die Mutter Recht hatte, und sagte zu ihr: „Mütterchen, für schwere Arbeit bin ich nicht; aber wir wollen meinem Paten schreiben, der Kaufmann in Smyrna ist, er solle mich aufnehmen, damit ich gut leben und auch dir schicken kann, damit du durchkommst." Also schrieben sie an den Paten, und der war von Herzen einverstanden, den Jüngling aufzunehmen. Die Mutter machte ihm Kleider und schickte ihn mit einem Schiff nach Smyrna. Als er zu seinem Paten kam, nahm der ihn freundlich auf und stellte ihn in seinem Laden an; und er gab ihm Geld und der Jüngling ging einkaufen und kochte das Essen.

Eines Tages, als er in der Ladentür saß, sah er einen Lastträger, der einen Kasten trug und rief: „Ich verkaufe diesen Kasten; wer ihn kauft, wird es bereuen, und wer ihn nicht kauft, wird es auch bereuen." Als der Jüngling das hörte, dachte er: „Was sagt der Mann da? Was ist mit diesem Kasten? Ich will ihn nehmen." Er fragte den Lastträger: „Für wieviel gibst du den Kasten?" Der antwortete: „Für fünfhundert Piaster." Der Jüngling hatte soviel von seinem Lohn erspart, gab es dem Lastträger und stellte den Kasten ohne Wissen des Paten in einen Winkel des Ladens.

Am folgenden Tage war Sonntag und der Jüngling ging in die Kirche und wollte danach das Essen zubereiten. Aber als er aus der Kirche kam, fand er es fertig und zwar so gut, wie es der beste Koch nicht hätte machen können. Er sprach zu sich: „Sieh an, der Pate hat heute selbst das Essen bereitet, als ich nicht da war." Als aber der Pate das gute Essen sah, sprach er zu Kon-

stantin – so hieß der Jüngling: „Mein Sohn, ich wette, heute hat nicht einmal der König ein so gutes Essen. Du bist der beste Koch im Land geworden!" Der Jüngling aber glaubte, der Pate necke ihn und schwieg.

Auch am nächsten Tag war das Essen schon gekocht, als der Jüngling an die Arbeit gehen wollte, und wieder lobte der Pate ihn. Da geriet Konstantin in Zweifel. Am nächsten Tag ging er wieder einkaufen und trug alles nach Hause, aber anstatt in den Laden zu gehen, versteckte er sich in einem Schrank. Da sah er, wie ein Mädchen aus dem Kasten kam, so schön, dass das ganze Haus von ihrer Schönheit erglänzte. Sobald sie draußen war, schürzte sie sich und fing an zu kochen. Er kam leise heraus, fiel ihr zu Füßen und sprach: „Bist du ein Mensch oder ein Engel?" Sie antwortete: „Ich bin ein Mensch, fürchte dich nicht! Ich bin die Tochter des Königs von Ägypten. Als ich eines Tages nach Smyrna kam, sah ich dich und liebte dich sehr. Aber als ich wieder nach Ägypten kam, wollte mein Vater mich mit einem anderen Mann verheiraten, ich aber weigerte mich. Da wurde mein Vater zornig und befahl einem seiner Leute, mich in einen Kasten zu stecken und in einem anderen Land zu verkaufen. Ich aber sagte dem Mann, er solle mich nach Smyrna bringen und mich an dich verkaufen. Nun wollen wir warten und sehen, was mein Vater tun wird, denn ich bin sein einziges Kind."

Da küsste Konstantin die Königstochter und sie heirateten heimlich. Am anderen Tag suchte Konstantin ein Schiff und sprach zum Kapitän: „Ich werde dir einen Kasten geben, den hüte wie deinen Augapfel und bringe ihn zu meiner Mutter." So brachte der Kapitän den Kasten zu Konstantins Mutter mit einem Brief, in dem er geschrieben hatte, dass in dem Kasten seine Frau sei. Die Mutter nahm sie freundlich auf und liebte sie sehr.

Eines Tages stand ein Kaufmann der Stadt vor dem Haus der Alten, und als er die schöne Frau sah, ergriff ihn die Versuchung, sie für sich zu gewinnen. Er kam mit Waren zum Kauf zu ihr, aber jedes Mal, wenn sie ihn sah, ging sie ins Haus. Er kam nun jeden Tag, um sie zu sehen, aber sie verbarg sich. Er schickte Leute, die mit ihr reden sollten, aber sie wies sie alle ab. Da wurde der Kaufmann zornig und schrieb einen Brief an Konstantin: „Deine Frau lässt ohne Wissen deiner Mutter alle jungen Männer ins Haus. Sie ist ein schlechtes Weib.“

Als Konstantin das vernommen hatte, geriet er in so großen Zorn, dass er sogleich Smyrna verließ und zu seiner Mutter fuhr. Seine Frau sah ihn vom Fenster aus, kam schnell herab, öffnete die Tür und küsste ihn. Als er aber seine Frau sah, war er so zornig, dass er nicht abwartete, sie zu fragen, ob es wahr wäre, was der Kaufmann geschrieben hätte, sondern er packte sie gleich und warf sie in den großen Strom, der an seinem Haus vorbeifloss. Darauf ging er zu seiner Mutter. Die erzählte ihm gleich, was der Kaufmann alles versucht hätte, um seine Frau zu bekommen, und erzählte auch, dass diese ihn stets abgewiesen hätte. Da war Konstantin nahe daran, sich das Leben zu nehmen. Er lief zum Fluss, um seine Frau zu suchen, und stellte auch Leute an, sie zu suchen, doch nirgends entdeckte man sie. Da wandte er sich ab und floh wie wahnsinnig ins Weite.

Als die Königstochter in den Fluss fiel, hatten Fischer ihre Netze ausgeworfen, zogen sie halbtot heraus und hüllten sie in einen Mantel. Da kam ein Muselman herbei, als der sie sah, gewann sie sein Herz und er kaufte sie von den Fischern für fünfzigtausend Piaster. Als sie zu sich gekommen war, sah sie neben sich einen Muselman; dann erinnerte sie sich, was sie erlitten hatte und sprach zu ihm: „Was willst du jetzt mit mir machen? Wenn mich ein anderer sieht, der stärker ist als du, so wird der mich dir fortnehmen. Aber weißt du, was wir tun wollen? Gib mir Kleider von dir, so dass ich mich wie ein Mann anziehen kann, sodass keiner mich als Frau erkennen kann; so kannst du mich behalten.“ Er willigte ein, sie nahm seine Kleider, trat hinter einen Busch und kleidete sich um. Dort stand sein Pferd, und sie stieg auf und ritt davon. Der Muselman wartete lange auf sie und sah endlich hinter dem Busch nach, aber sie war verschwunden. Da ging der Arme von dannen, halbnackt und ohne Pferd.

Sie ritt nun Stunde um Stunde, von Berg zu Berg, bis sie in der Nacht, ohne es zu wissen, nach Ägypten kam, nach dem

Land, in dem ihr Vater als König gebot. Aber die Tore der Hauptstadt waren verschlossen und es schneite und regnete. Da sank sie draußen vor dem Tor nieder. Nun war ihr Vater in diesen Tagen gestorben, und da er ja keinen Thronfolger hinterlassen hatte, suchten die Minister zuerst die Tochter des Königs. Als sie diese aber nicht fanden, beschlossen sie, dass derjenige König werden solle, den man in Schnee und Kälte zuerst draußen vor dem Tor der Hauptstadt fände. Am anderen Morgen tat sich nun das Tor auf und man fand dort die junge Frau, die maurisch gekleidet und halbtot vor Kälte war. Sie aber, als sie einen so schönen jungen Mann sahen, fielen ihm zu Füßen, brachten ihn in den Palast und setzten ihn zum König ein.

Da sie weise war, regierte sie das Königreich so gut, dass alle sie liebten wie den lieben Gott. Sie war beim Volk so beliebt, dass man ihr Bild an allen Quellen des Landes anbrachte. Nun befahl die Königstochter heimlich ihren Leuten, sie sollten auf jeden achten, der käme, Wasser zu holen. Wenn sie einen bemerkten, der seufze, sobald er das Bild sähe, sollten sie ihn ergreifen und in den Palast bringen. Eines Tages kam der Kaufmann vorüber, der den Brief an ihren Mann geschrieben hatte, und als seine Augen auf das Bild fielen, seufzte er. Am anderen Tag kamen die Fischer vorbei, und weil sie seufzten, brachte man auch sie in den Palast. Darauf kam nach einigen Tagen der Muselman vorbei, und auch den ergriff man, als er seufzte. Zuletzt kam nach einigen Tagen ihr Mann vorbei. Als der das Bild sah, rief er aus: „Ach, wie gleicht es ihr! Ach, dass ich dich verloren habe!“ Er brach in Tränen aus und wehklagte, und so brachte man auch ihn in den Palast.

Als die Königstochter nun sah, dass alle beisammen waren, die sie haben wollte, verkündete sie, dass sie ein Urteil fällen wolle. Also versammelten sich alle und sie saß als König in der Mitte. Sie ließ die Gefangenen holen und befahl, dass keiner von ihnen reden solle, den man nicht gefragt hatte. Nun fing der König an und sprach: „Kaufmann, warum hast du geseufzt, als du das Bild an der Quelle sahst? Gib Acht, lüge nicht, sonst lasse ich dir sogleich den Kopf abschlagen!“ Der Kaufmann antwortete: „Was soll ich dir sagen, Herr König, ich erkannte, dass das Bild eine Frau ist." Danach erzählte er die volle Wahrheit, wie er ihrem Mann einen Brief geschrieben habe, weil sie ihn nicht zum Mann nehmen wollte. Als er fertig war, sagte sie zu ihm: „Du hast die Wahrheit gesagt, setz dich beiseite." Ihr Mann aber wollte auf den verleumderischen Kaufmann losstürzen, aber der König sagte zu ihr: „Bleib zurück und rühre dich nicht, sonst ergeht es dir schlecht!" Darauf fragte der König die Fischer: „Was hattet ihr denn, dass ihr so seufztet?" Sie antworteten: „Wir haben diese Frau aufgefangen und sie an einen Muselman verkauft." – „Und du, was hattest du? – Er antwortete: „Ich bin der, der sie gekauft hat, aber sie ging mir davon und ließ mich sogar, ehe ich sie recht gesehen hatte, ohne Kleider stehen und nahm mir auch mein Pferd weg." Da wurden die Minister stutzig und betrachteten den König, der aber gab ihnen ein Zeichen, sie möchten sich nicht rühren. Darauf sprach sie zu ihrem Mann: „Und du, warum hast du geseufzt?" – „Ach, ich Unglücklicher", antwortete er mit Tränen in den Augen, „ich war ihr Mann und jetzt ist sie für mich verloren." – „Nein", sagte sie, „du hast sie nicht verloren. Wartet ein wenig, ich komme gleich wieder." Sie ging hinein und kleidete sich in ihre Frauenkleider und kam so wieder zurück. Da rissen alle die Augen weit auf. Ihr Mann erkannte seine Frau und die Minister erkannten sie als die Tochter des Königs. Zuerst kam ihr Mann, fiel ihr zu Füßen und bat sie, ihm zu verzeihen. Sie hob ihn auf, küsste ihn und setzte ihn an ihre Seite. Den Fischern gab sie Geld und dem Muselman sein Eigentum. Dem Kaufmann aber, den die Minister hängen lassen wollten, verzieh sie, befahl ihm aber, binnen vierundzwanzig Stunden das Land zu verlassen. Nun verkündete der Ausrufer, dass die Tochter des Königs gefunden sei. Es wurden große Feste gehalten, und sie aßen und tranken bis auf den heutigen Tag.

(Märchen aus Albanien, bearbeitet von Heidi Christa Heim)

Männergewalt und Frauenkraft

Ähnliche Novellenmärchen gibt es vorwiegend im Mittelmeerraum bis hin zum Vorderen Orient. Mit der Geschichte *Der Pfiffigste* haben wir aber auch ein deutsches Beispiel für das Märchenmotiv *die vielgeprüfte Treue*. Ich habe dennoch das Balkanmärchen „Das Mädchen im Kasten" gewählt, weil es eine besonders starke und liebenswerte Frau zeigt.

Das Märchen beginnt mit einer doppelten Notlage: eine arme Mutter und ein unreifer Nesthocker-Sohn, der erst aufgefordert werden muss, sein eigenes Brot zu verdienen. Er wählt den Kaufmannsberuf, schlüpft dabei aber zuerst noch unter die Fittiche seines Paten, der als Vaterersatz gesehen werden könnte. Dort, in Smyrna, geschieht nun etwas Unerwartetes, das sich im rätselhaften Ruf des Trägers ankündigt. Ein geheimnisvoller Kasten, dessen Inhalt unbekannt ist – der Jüngling kauft ihn dennoch. Er ergreift das Ende des Schicksalsfadens, der sich ihm bietet. Er trifft eine eigenständige Entscheidung und gibt für den Kasten sein ganzes erspartes Geld her. Er geht also mit vollem Einsatz ein großes Risiko ein. Mir fiel auf, dass der zuvor namenlose Jüngling vom Kauf des Kastens an mit Namen genannt wird: Er ist nicht länger ein Jüngling wie viele, nein, er ist Konstantin mit der ganz besonderen Braut. Konstantin bedeutet übrigens der Standhafte. Vielleicht ist das ein Hinweis für einen neuen Reifungsschritt in Richtung Männlichkeit.

⇨ *Das Mädchen im Kasten – welches Bild kommt bei geschlossenen Augen dafür in meine innnere Schau?*

Es könnte stehen für

eine noch beschützte, geschlossene Jungfräulichkeit
eine eingesargte Weiblichkeit
eine gewisse Unfreiheit und Bewegungsbehinderung
für weibliche Klugheit
äußere und innere Schönheit
ein Mädchen, das über sich bestimmen will
eines, das sein Schicksal in die eigene Hand nimmt
ein Mädchen, das seine Gefühle äußert
ein Mädchen, das zu seiner Liebe steht
ein Mädchen, das abwarten kann

Auffallend ist nun eine dreifache Heimlichkeit: Sie kocht ihm heimlich das Essen. Beide heiraten heimlich und Konstantin gibt sie dann im Kasten versteckt dem Kapitän auf die Reise zu seiner Mutter mit. Warum dürfen weder der Pate noch der Kapitän die junge Frau sehen? ♥ Kann sie doch noch nicht ganz zu sich, kann er vor seinem Paten nicht zu ihr und der Hochzeit stehen? Kann das erneute Verschließen in den Kasten bedeuten, dass ihre Unabhängigkeit und Freiheit noch nicht dauerhaft, ja, dass die ganze Beziehung doch noch recht instabil ist?

➩ *Der liebevolle Empfang der Schwiegermutter*

Bitte schauen Sie diesen Empfang mit Ihren inneren Augen an!

Neben den vielen missgünstigen Stief- und Schwiegermüttern im Volksmärchen ist dies ein wohltuendes Bild. Eine liebende, bejahende, beschützende Frau der älteren Generation! Die Liebe der älteren Frau hat aber sicher auch etwas mit dem Wesen der Königstochter zu tun, die ganz offensichtlich selbst ein liebender Mensch ist. Wohin sie auch kommt, überall erweckt sie Liebe. In einem Fall ist das fatal. Die außergewöhnliche Schönheit der Frau reizt einen Kaufmann zu einem Verführungsversuch. Als er abgewiesen wird, rächt er sich mit einem Verleumdungsbrief. ♥ Der andere Kaufmann kann auch eine Schattenfigur Konstantins sein, beispielsweise sein Misstrauen. Oder eine Übertragung: Konstantin selbst tut vieles heimlich und nimmt es deshalb auch von seiner Frau an. Oder kennt er seine Anima noch wenig und ist noch jederzeit bereit, ihr zu misstrauen? Oder sehen wir hier einen Anteil Konstantins, der von Frauen schlecht denkt und der eigenen Gefühlen misstraut?

➩ *Das Wiedersehen des Paares*

Versuchen Sie, beim inneren Betrachten beide zu sehen!

Sie läuft mit Freude auf ihn zu und küsst ihn liebevoll. Er, in seinem blinden Zorn, packt sie und wirft sie voll Hass ins Wasser. ♥ Dies Bild könnte für eine Frau stehen, die liebevoll auf ihren Mann zugeht und die Beziehung pflegen will, und für einen Mann, der sie dabei zurückstößt.

Es könnte auch meinen:

Beziehungsschwierigkeiten
eine fehlende Kommunikation der Partner
eine blinde Liebe der Frau

einen jähzornigen Mann
eine eskalierte Ehekrise.

Die Frau im Strom

Wasser kann ja auch lebensspendend, reinigend und belebend sein. Sie aber erlebt es von seiner zerstörerischen Seite und droht im reißenden Wasser zu versinken. ♥ Hier wird die Trennung lebensgefährlich. Geht eine Frau ohne Mann also endgültig unter? Die Antwort des Märchens ist ein entschiedenes Nein. Auch nach der Trennung ist jede Frau im Lebensnetz geborgen, was hier durch die Rettung im Fischernetz ausgedrückt wird. Das Bild vom Fischernetz wiederholt aber auch den einengenden Aspekt des Kastens. Wer halbtot darinliegt, ist für eine Weile nicht handlungsfähig.

⇨ *Der Verkauf an den Türken*

Wie erscheint dieser Vorgang in meinen inneren Augen, wenn ich die äußeren schließe?

Dieses Märchen spielt in einer patriarchalen Gesellschaft, wo Frauen wie Waren behandelt werden konnten. Das erklärt auch, weshalb die Frau in der ganzen Geschichte weniger agiert als reagiert. Aber Erfahrungen mit patriarchalem Verhalten liegen auch uns nicht so fern – vielleicht erinnert dieses Bild Sie an Situationen aus Ihrem Leben, wo auch Sie „verkauft“ worden sind.

Der Verkauf kann transparent werden für:

Patriarchales Verhalten der Männer
Ohnmacht der Frau
Missachtung der Wünsche der Frau
Verachtung der Frau
eine neue Bezugsperson

⇨ *Die Verkleidung in einen Mann*

Lassen Sie ein Bild von der Königtochter auf dem Pferd in sich aufsteigen!

Es gibt viele Märchenstellen wie diese, wo das Tun der Handlungsträger nicht den bürgerlichen Moralvorstellungen entsprechen würde. Dennoch hat die Handlungsweise der jungen Frau ihre Berechtigung: Erstens ist der Verkauf einer Frau ein zutiefst unmoralisches Verhalten. Zweitens würde ein Bleiben beim Käufer das erzwungene Zusammenleben mit einem ungeliebten Mann bedeuten. Sie antwortet auf beides, indem sie sich selbst schützt, dem Mann eine Lehre erteilt und ihre Bewegungsfreiheit wiedergewinnt. Zusätzlich ist das Pferd noch eine wunderbare Fluchtmöglichkeit. ♥ Kann damit gemeint sein, das sie jetzt auch ihre männliche Seiten kraftvoll leben lässt? Fortan wird sie jedenfalls nicht mehr passiv in Kasten oder Fischnetz der Männer liegen, sondern kann mit Mutterwitz und Vaterklugheit ihr Leben in die Hand nehmen.

Es ist ja nun unerhört, dass die Königtochter vor dem Tor ihres eigenen Vaterlandes fast erfriert. Es erscheint ebenso ärgerlich, dass ihr so kurz vor dem Ziel noch einmal widrige Umstände entgegentreten. Diesmal ist es die Kälte der Natur. (Der Erzähler des Märchens hatte wohl keine rechte Vorstellung von den klimatischen Gegebenheiten Ägyptens. Er verpflanzte einfach den Winter der albanischen Berge dorthin.)
Das Bild des Tores kann stehen für:

Schutz und Schranke
Grenze zwischen zwei Bereichen
Zugehörigkeit und Ausgrenzung
Öffnen und Schließen

♥ Vielleicht begegnet ihr am Tor noch einmal die Gefühlskälte ihres Vaters, der ja nicht gezögert hatte, sie als Sklavin verkaufen zu lassen. Vielleicht weist die Kälte auch darauf hin, dass in der Stadt mit dem Tod des Königs sich Kälte ausgebreitet hat. Wie auch immer – als sie noch durch diese letzte Prüfung gegangen ist, erfolgt die Schicksalwende. „Zufällig“ suchen die Minister genau in diesem Augenblick einen neuen König und „zufällig“ entspricht genau sie den gestellten Bedingungen. Das Königtum fällt ihr am Ende buchstäblich zu – und doch auch sehr berechtigt: Es ist ihr Geburtsrecht, und es steht ihr am Ende dieses langen Prüfungsweges zu.

Hier bekommt auch die Trennung einen neuen Sinn. Hat sie als Mädchen und junge Frau nur einen Menschen geliebt, so öffnet sie sich nun für viele Menschen und dient ihnen mit ihren Gaben. In diesem Märchen tritt die Tochter das Erbe des Vaters an, übernimmt seine Regierungsgeschäfte und wirkt so segensreich, „dass alle Menschen sie lieben wie den lieben Gott“. Gerade bei und durch ihre neue Aufgabe kommt die Frau auch wieder in Kontakt mit ihrem getrennten Gatten, denn „zufällig“ findet sich dieser nach dem

Kaufmann, den Fischern und dem Muselman an der Quelle bei ihrem Bild ein.

⇨ *Das Gericht der Königin*

Bitte versuchen Sie dieses Bild mit ihren inneren Augen zu betrachten!

Wie im Schlussakt eines griechischen Dramas treten hier alle handelnden Personen noch einmal gemeinsam auf. Dabei werden ihre schicksalhaften Verknüpfungen beleuchtet. Schuld und Unschuld kommen an den Tag. Auch Konstantin wird mit seinen Schattenfiguren in Gestalt des Kaufmanns und des Türken konfrontiert. Er erkennt nun, wie sich die Dinge in Wahrheit zugetragen haben und dass er einen Verdacht für die Wirklichkeit gehalten hat. – Über Konstantins Trennungsweg erfahren wir in diesem Märchen wenig. Nachdem seine Mutter ihm die Unschuld der Frau bezeugt hat, sucht er sie im Fluss und flieht dann „wie wahnsinnig ins Weite", als er sie nicht findet. Bei der Wiederbegegnung endlich lässt er Tränen und Trauer zu. Er sieht seine Schuld ein und bittet seine Frau, sie ihm zu verzeihen. Auch er ist durch die Trennung verwandelt, auch er ist ein anderer geworden. So kann neues Glück aufblühen. Wunderbar ist, dass sie nicht rachsüchtig ist. Sie setzt ihn sogar an ihre Seite: ♥ Männliche und weibliche Seiten können nun in ihr in einem schönen Gleichgewicht handeln.

Eine Zusammenschau der Bilder

Wenn wir nun die Stationen des Märchens wie eine Perlenkette an unserem inneren Auge vorüberziehen lassen, verstehen wir, was Max Lüthi dazu schreibt: „Nichts eigentlich Zauberisches ist in diesem albanischen Märchen. Aber die abstrakte Stilisierung, das genaue Passen der einzelnen Situationen aufeinander ist genauso wunderbar wie irgendwelche äußeren Zaubereien, ja es ist in Wahrheit viel wirklichkeitsferner als sie. Magisches Tun und magischer Glaube gehören zur Wirklichkeit des Menschen." [12]

♥ Wenn ich nun diese Geschichte aus der weiblichen Sicht betrachte, fällt mir auf: Immer wieder gerät diese junge Frau in auswegslos erscheinende Situationen, und dennoch findet sie Überlebensmöglichkeiten. Zeiten der Handlungsfähigkeit und der Ohnmacht wechseln miteinander ab. Tödliche Bedrohung und Diffamierungen sind zu überstehen. Vieles davon kennen wir Frauen ebenso aus der Zeit vor und aus der Zeit nach der Trennung. Hier kann uns diese Märchenfrau eine positive Modellfigur sein: Sie versinkt nicht in Depresssion, Selbstmitleid oder Hass. Sie lässt aber auch nicht alles passiv mit sich machen. Sie entwickelt sich von einem Objekt der Männer zu einem souverän handelnden Subjekt. Sie antwortet auf die jeweilige Situation, sucht Auswege und findet sie mit einem wunderbaren Scharfsinn und mit weiblicher List. Dennoch würde sie scheitern, wenn es nicht auch noch unerwartete Hilfe, schicksalhafte Fügungen und Geschenke des Himmels gäbe.

Dieses Trennungsmärchen macht Mut, es ist tröstlich in einem mehrfachen Sinn. Erstens zeigt es uns: So schlimm Verletzungen auch sein können, Paare können auf dem Trennungsweg zu sich selbst und dann auch wieder zueinander finden. Zweitens versichert es glaubhaft, dass eine Frau gerade auch durch eine Trennung zum ihr zustehenden Königtum ihres Lebens, zum gelingenden Leben gelangen kann. „Das ist wohl ein Aspekt, weshalb Märchen uns faszinieren können: Wir lassen uns faszinieren von diesen wundervollen Wendungen und werden dadurch auch an überraschende Lösungen in unserem eigenen Leben glauben, daran, dass ganz unverdient und unvorhergesehen neue Dinge sich ereignen können.“ [13] Drittens leuchtet auf: *Was* dir geschieht, das ist nicht deine Sache, du kannst daran oft nichts ändern. Aber *wie* du darauf antwortest, darauf kommt es an. Hier bist du frei und souverän! Geh ja nicht in die Opferrolle, sondern betrachte dein Schicksal als Lernaufgabe und sieh die Trennung als Chance.

Die Suchwanderung der Frau

Jede Trennung im Märchen ist der Beginn eines neuen Weges. Es kann sein, das sich der Aufbruch verzögert, weil Schock und Trauer zunächst zu groß sind. Stets aber erfolgt darauf der Aufbruch in irgendeiner Form. In einem maltesischen Märchen heißt es beispielhaft: *„Als sie nun lange im Tal der Tränen gewesen war, erhob sie sich eines Morgens, ließ sich Männerkleider bringen und ein Pferd satteln. Sie nahm ein Schwert und ritt los."*

Max Lüthi meint zu Recht, dass der Märchenmensch „wesenhaft ein Wanderer" sei und dass dem Märchen jeder Anlass willkommen sei, der einen Menschen dazu bringt, sich endlich auf den Weg zu machen. Dieser äußere Weg meint aber stets auch einen inneren. In den Trennungswegen, die in diesem Buch betrachtet werden, fällt auf, dass kein Weg einem anderen völlig gleicht. Jede Märchenfrau erlebt andere Gefahren, Härten und verzweifelte Situationen. Jede hat andere Aufgaben, jede hat ihr ureigenstes Ziel. Dieses Ziel aber ist nur erreichbar, wenn sie alles Alte loslässt, alles aufs Spiel setzt und sich mit ungeteiltem Herzen auf den Weg macht. Antrieb und Kraft dazu sind meist Sehnsucht und Liebe, oft die zum verschwundenen Liebsten. ♥ Letztlich aber ist die Frau auf der Suche nach ihrem eigenen Heil- und Ganzwerden und gleichzeitig nach der Verwirklichung ihrer individuellen Aufgabe im Weltganzen.

Diese Suchwanderungen sind belastend, führen die Frau an ihre äußerste Kraftgrenze und darüber hinaus, sie führen sie durch Himmel und Hölle und erscheinen oft unendlich lang. Aber dabei wird keine Frau allein gelassen. Das Märchen berichtet von unerwarteten Begegnungen, glücklichen Zufällen und hilfreichen Wesen der verschiedensten Art. Es erzählt in seiner Bildersprache, dass das Gelingen des Lebens bei aller notwendigen eigenen Anstrengung letztlich auch eine Gnade ist. Dabei gibt es als geprüfte Menschheitserfahrung weiter, dass wir in ein sinnvolles Lebensnetz und in einen höheren Plan eingebunden sind.

Nun gibt es viele Märchen, in denen die Suchwanderung der Frau besonders herausgearbeitet ist. Es war sehr schwierig für mich, hier eine Auswahl zu treffen. Zuletzt habe ich mich für ein norwegisches, ein russisches und ein norddeutsches Märchen entschieden. Ich möchte Sie anregen, ergänzend dazu weitere Frauenwege in den zahlreich vorliegenden Märchensammlungen zu suchen. Und bitte – lassen Sie wieder beim Hören oder Lesen dieser Märchen Bilder in sich aufsteigen.

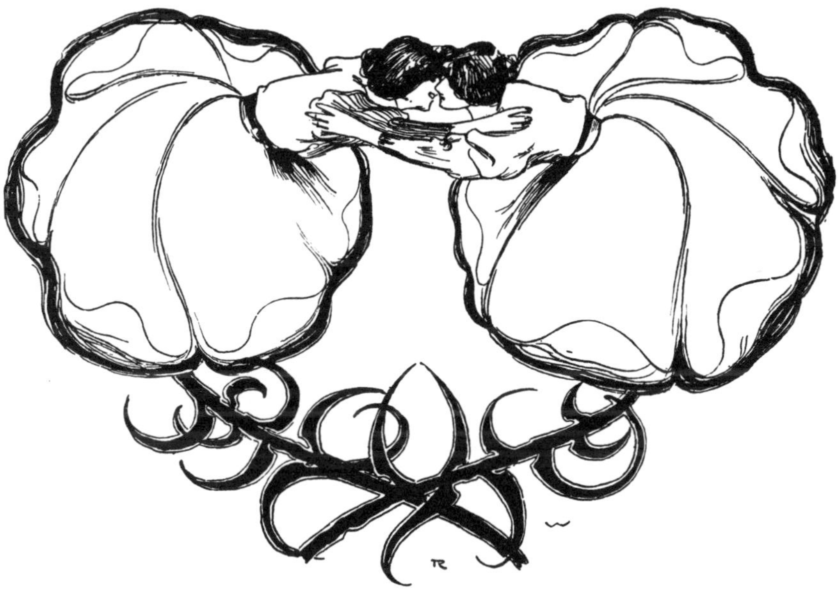

Josef Rudolf Witzel 1901

Sorge und Leid

Weit, weit von hier war einmal ein König, der hatte drei schöne Töchter von seiner ersten Frau. Aber er hatte keine Söhne, und deshalb hatte er die drei Prinzessinnen so gern, dass er ihnen alles gab, was sie sich wünschten. Aber einmal kam der Feind ins Land, und der König musste in den Krieg. Als er abreiste, bat ihn die älteste Prinzessin, er möge ihr einen Ring kaufen, der die Eigenschaft habe, dass sie nie sterben könne, solange sie ihn trage. Die zweite Prinzessin bat um einen Kranz, der sie froh mache, so oft sie ihn anschaue, wenn ihr auch noch so bekümmert und weh ums Herz sei. „Kauf mir Sorge und Leid!" sagte die Jüngste. Der König versprach alles.

Als er nun den Feind aus dem Land verjagt hatte und den Heimweg antreten wollte, fiel ihm ein, was er den drei Prinzessinnen versprochen hatte. Den Ring und den Kranz konnte er wohl auftreiben, aber Sorge und Leid waren weder da noch dort zu bekommen, denn die Leute waren so froh, dass der Feind verjagt war, dass er weder Sorge noch Leid in seinem ganzen Reich finden konnte. Er musste ohne das Gewünschte heimreisen, so ungern er es auch tat.

Aber als er nicht weit von seinem Schloss entfernt war, musste er durch einen dichten Wald. Da saß ein Eichhorn auf einem Baum am Weg. „Kauf mich! Kauf mich! Ich heiße Sorge und Leid!" sagte es. Der König dachte, es sei besser, ein Eichhörnchen zu haben als zwei leere Hände, und nahm es mit zu seiner jüngsten Tochter. Diese freute sich ebensosehr über das Geschenk, als ihre beiden Schwestern über den Ring und den Kranz. Das Eichhörnchen trieb sich in ihrer Kammer herum; manchmal wiegte es sich auf dem Bettpfosten, dann saß es wieder oben auf dem Schrank und hatte immer eine Menge zu schwatzen.

Aber in dem Augenblick, wo die Dunkelheit eintrat, verwandelte es sich auf einmal in einen Mann. Der erzählte, in dem goldenen Wald sei eine schlimme und böse Riesin, die habe ihn in ein Eichhörnchen verwandelt, weil er sie nicht heiraten wollte; in der Nacht aber habe sie keine Macht über ihn. Aber jeden Morgen, wenn der Tag anbreche, müsse er wieder in die Eichhorngestalt schlüpfen.

Mit der Zeit kam es so weit, das die Prinzessin Sorge und Leid heiraten wollte. Aber als sie sich versprachen, bat er sie eindringlich und mit den besten Worten, dass sie niemals ein Licht anzünden und ihn sehen wolle, „denn dann werden wir wohl beide ganz unglücklich", sagte er. Nein, sagte sie, das wolle sie ganz gewisslich nicht tun. Nun kam jeden Abend, wenn die Prinzessin sich gelegt und das Licht ausgeblasen hatte, ein Mann und legte sich neben sie; aber wenn sie am Morgen aufwachte, lag sie allein und das Eichhörnchen saß auf dem Bettpfosten und begrüßte sie und plauderte und schwatzte mit ihr über alles Mögliche.

Einmal aber dachte sie, er schliefe ganz fest, und da konnte sie nicht anders – sie stand leise auf und zündete ein Licht an. Als nun der Lichtschein auf ihn fiel, sah sie, dass er viel schöner war als der allerschönste Prinz. Er war so über alle Maßen schön, dass es gar nicht auszudenken war, und sie musste sich über ihn neigen, um ihn noch besser zu sehen. Schließlich konnte sie nicht anders, sie musste ihn auf den Mund küssen. Aber da fielen drei Tropfen von der Kerze auf seine Brust und er erwachte.

„Ach, wie hast du das tun können!", rief er und war ganz unglücklich. „Hättest du nur noch drei Tage ausgehalten, so wäre ich frei gewesen. Aber nun muss ich wieder zurück zu der bösen Riesin und sie heiraten, und zwischen dir und mir ist es aus!" – „Darf ich dir nicht dahin nachfolgen?" fragte die Prinzessin. – „Nein, das bringst du nie im Leben fertig, denn wenn du dich ausruhst oder auch nur die Beine biegst zum Sitzen, so kommst du in der Nacht so weit zurück, als du am Tag gekommen bist", sagte er, lief zur Tür und war verschwunden.

Nun jammerte und weinte die Prinzessin und wartete darauf, dass er wiederkommen sollte; aber sie hörte und sah nichts mehr von ihm. Nach einigen Tagen wurde sie so elend und un-

ruhig, dass sie nicht mehr zu Hause bleiben konnte und ihre Magd inbrünstig bat, sie solle doch mit ihr gehen auf der Suche nach dem goldenen Wald. Schließlich ließ sich das Mädchen erweichen, aber sie wollte nicht eher fortgehen, bis sie eine Elle Drillich, eine Elle Zwillich und eine Elle feines Leinen beisammen hatte. Das bekam sie auch gleich, denn auf dem Schloss war kein Mangel an solchen Dingen.

Also machten sie sich auf und wanderten lang und immer länger, bis ihnen die Füße wund wurden und der Mut sank. Am Abend kamen sie mitten in einen dichten, dunklen Wald; da kletterten sie auf einen hohen Baum. Die Prinzessin war so müde, dass die Magd sie in den Armen halten musste, während sie ein wenig schlief. Aber in der Nacht wurde es um den Baum herum so unheimlich lebendig mit Wölfen, die heulten und schrien, dass die Prinzessin sich keinen Augenblick mehr zu schlafen getraute. Aber wie der Tag sich am Himmel zeigte, war es, als ob die Wölfe mit einem Mal weggeblasen waren.

Am nächsten Tag wanderten sie weit und immer weiter, bis die Füße noch wunder wurden und der Mut noch tiefer sank. Als es gegen Abend ging, kamen sie wieder mitten in einen dichten dunklen Wald. Da kletterten sie wieder auf einen hohen Baum; aber die Prinzessin war so müde, dass die Magd sie in den Armen halten musste, während sie ein wenig schlief. Als es dunkler wurde, kam eine unheimliche Menge Bären unter dem Baum zusammen, die fingen an zu tanzen und sich im Kreis zu drehen, ganz unheimlich schnell, und auf einmal versuchten sie auch, auf den Baum hinaufzuklettern. Oben im höchsten Wipfel musste die Prinzessin mit ihrer Magd die ganze Nacht stehen und sie konnten nicht ein Auge zumachen; aber als der Tag herankam, waren die Bären in einem einzigen Augenblick wie in der Erde versunken.

Am dritten Tag wanderten sie weit und immer weiter und noch ein Stück dazu. Am Abend kamen sie wieder in einen dichten dunklen Wald. Da kletterten sie auf einen hohen, hohen Baum, aber kaum waren sie oben, so wimmelte es von lauter Löwen unter dem Baum und überall im Wald, und die brüllten und heulten so schauerlich, dass das Echo von Fels und Wald zurückkam. Auf einmal fingen sie an zu tanzen und so schrecklich herumzuwirbeln, dass die Erde bebte, und dazwischen klammerten sie sich an den Baum und versuchten, ihn zu schütteln und zu lockern und wollten ihn mit Stumpf und Stiel ausreißen. Oben im höchsten Wipfel mussten die Prinzessin und ihre Magd stehen, und obgleich sie so matt waren, dass sie von Zeit zu Zeit fast heruntergefallen wären, wagten sie doch nicht einmal, an Schlaf zu denken. Aber in dem Augenblick, wo der Tag sich zeigte, waren die Löwen auf einmal vom Erdboden verschwunden.

Den ganzen Tag wankten sie nun hierhin und dorthin, bis die Füße wunder als wund wurden und der Mut tiefer als tief sank. Sie verloren Weg und Steg, obgleich sie im Norden und Süden, im Osten und Westen suchten, konnten sie doch nicht aus dem großen Wald herausfinden. Schließlich wurde die Prinzessin müde und über alle Maßen traurig und wollte sich alle Augenblicke niedersetzen, um sich doch ein wenig auszuruhen. Aber die Magd hielt sie und zog sie vorwärts und ließ sie keinen Augenblick sich auf gebeugten Beinen niederlassen, denn sonst wären sie ebenso weit zurückgekommen, als sie am Tage vorwärts gekommen waren. Ihr müsst wissen, die Riesin in dem goldenen Wald hatte das so eingerichtet.

Am Abend kamen sie an einen großen greulichen Felsen. „Hier will ich anklopfen“, sagte die Magd. „Ach nein“, sagte die Prinzessin, „bitte, klopf hier nicht an, du siehst ja, wie hässlich hier alles ist!“ – „Wer rumpelt da an meiner Tür?“, schrie das Riesenweib im Felsen ganz laut und barsch, machte die Tür auf und steckte ihre lange Nase, die gut eine Elle lang war, durch den Spalt. – „Die jüngste Prinzessin mit ihrer Magd, die wollen zu einem Prinzen im goldenen Wald, der heißt Sorge und Leid“, gab die Magd zur Antwort. – „Ach pfui!“ schrie das Riesenweib, „das ist so hoch im Norden, dahin kann man weder segeln noch rudern. Aber was wollt ihr denn mit Sorge und Leid? Ist das vielleicht die Prinzessin, die ihn heiraten wollte?“ – „Ja, das sei die Prinzessin.“ – „Sie wird ihn nie im Leben bekommen, denn nun muss er die große Riesin heiraten im goldenen Wald. Ihr könnt ebensogut jetzt umkehren wie später.“

Nein, umkehren wollten sie unter keiner Bedingung, und die Magd fragte, ob es nicht möglich wäre, hier über die dunkelste Nacht unterzukommen. – „Unterkommen könnt ihr wohl, aber wenn mein Mann heimkommt, reißt er euch den Kopf ab und frisst euch auf!" Da war nichts zu machen, sie konnten mitten in der Nacht nicht weiterwandern. Da zog die Magd die Elle Drillich heraus und schenkte sie der Riesin für Leinenzeug. „Ach nein, ach nein," rief diese, „nun bin ich schon hundert Jahre verheiratet und habe noch nie Drillich besessen!" Sie freute sich so sehr, dass sie die Wandernden einlud und aufs Beste für sie sorgte. Als sie sich mit Essen und Trinken gestärkt hatten, sagte die Riesin zu ihnen: „Ja, er ist schon ein grimmiger Gesell, ich muss euch schon in der Vorratskammer verstecken, vielleicht findet er euch dann nicht." Sie richtete ihnen ein weiches und sanftes Bett, aber sie trauten sich nicht, darauf zu sitzen oder zu liegen. Nein, sie konnten nicht einmal ein Auge schließen, weil sie Acht geben mussten, nicht die Beine zu beugen. So standen sie die ganze Nacht und hielten sich abwechselnd unter den Armen fest, denn nun war die Magd auch so müde und elend, dass sie fast nicht mehr konnte.

Um Mitternacht fing es an, gräulich zu donnern und zu poltern; das war der Troll, der heimkam. Kaum hatte er seinen ersten Kopf zur Tür hereingestreckt, so schrie er schon laut und barsch: „Pfui, pfui, ich rieche Christenfleisch!", und er fuhr so wild und wütend herum, dass die Funken stoben. – „Ja", sagte die Riesin, „es ist ein Vogel vorbeigeflogen mit dem Knochen eines Christen, den hat er durch den Schornstein herunterfallen lassen. Ich habe ihn zwar eiligst wieder hinausgeworfen, aber es kann doch sein, dass es danach riecht." Der Mann gab sich damit auch zufrieden. Aber am nächsten Morgen erzählte ihm die Riesin, die jüngste Prinzessin und ihre Magd seien gekommen auf der Suche nach einem Prinzen mit Namen Sorge und Leid, im goldenen Wald. – „Ach, pfui, das ist so weit im Norden, dahin kann man weder segeln noch rudern!", schrie der Troll gleich. „Das ist die Prinzessin, die ihn heiraten wollte, ich weiß; aber sie bekommt ihn nie im Leben, denn in drei Tagen muss er sich mit der großen Riesin vermählen. – Aber die Mädchen kommen mir nicht von hier fort, wo sind sie, wo sind sie?", schrie er und schnüffelte in allen Ecken. – „Ach nein, du darfst ihnen nichts tun!", sagte die Riesin, „sie haben mir eine Elle Drillich geschenkt. Nun bin ich schon hundert Jahre verheiratet und habe noch nie Drillich besessen, deshalb sollst du ihnen dein Siebenmeilenwams leihen bis zum nächsten Nachbarn." Als der Troll hörte, wie freundlich sie gegen seine Frau gewesen waren, war er auch einverstanden.

Als sie gegessen hatten und reisefertig waren, zog er ihnen das Siebenmeilenwams an. „Nun müsst ihr sagen: Vorwärts über Weidenbusch und Tannenbaum, über Berg und Tal zum nächsten Nachbarn. Und wenn ihr dort sei, müsst ihr sagen: Wo du heute Morgen angezogen worden bist, sollst du heute Abend aufgehängt werden." So fuhren die Mädchen über Berg und tiefes Tal, meilenweit. Am Abend in der Dämmerung kamen sie wieder an einen großen, häßlichen Felsen. Da zogen sie das Wams aus und sagten: „Wo du heut Morgen angezogen worden bist, sollst du heute Abend wieder hängen." Da lief das Wams von selbst wieder heim.

„Hier will ich anklopfen", sagte die Magd und klopfte und polterte. „Ach nein", sagte die Prinzessin, „bitte klopf nicht an, du siehst ja, wie hässlich hier alles ist." – „Wer rumpelt da an meiner Tür?", schrie das Riesenweib im Felsen noch barscher als die erste und steckte ihre Nase, die gut zwei Ellen lang war, durch den Spalt an der Tür. – „Hier ist die jüngste Prinzessin und ihre Magd, die suchen einen Prinzen, der heißt Sorge und Leid und wohnt im goldenen Wald." Da sagte die Riesin ebenfalls, das sei so weit nordwärts, dass man dorthin weder segeln noch rudern könne, und wollte sie durchaus zum Umkehren veranlassen: „Ihr könnt ebensogut jetzt umkehren wie später." Aber das wollten die Mädchen durchaus nicht und sie fragten, ob sie nicht hier über die dunkelste Nachtzeit unterkommen könnten. – „Ja, unterkommen könnt ihr wohl, aber wenn mein Mann nach Hause kommt, reißt er euch den Kopf ab und frisst euch." Da zog die Magd die Elle Zwillich hervor und gab sie der Riesin für Weißzeug. – „Ach nein, ach nein, nun bin ich schon zweihundert Jahre verheiratet und habe noch niemals Weiß-

zeug aus Zwillich besessen", rief die Riesin und freute sich so, das sie die Mädchen wohl aufnahm. Als sie sich mit Essen und Trinken gestärkt hatten, sagte die Riesin: „Ja, er ist ein grimmiger Gesell, mein Mann, und frisst jede Christenseele. Ich muss euch draußen in der Vorratskammer unterbringen, vielleicht findet er euch da nicht." Aber sie wagten sich weder zu setzen noch zu legen, denn sie mussten ja Acht geben, dass sie die Beine nicht beugten. So standen sie die ganze Nacht, und die eine hielt die andere abwechselnd unter den Armen, während sie ein wenig schlief.

Um Mitternacht fing es gräulich an zu poltern und zu donnern und sie spürten, wie die Erde unter ihren Füßen erbebte. Da kam der Troll hereingestürzt. „Pfui, pfui, ich rieche Christenfleisch!" schrie er laut und barsch und fuhr so wütend herum, dass die Funken stoben. – „Ja", sagte die Riesin, „es ist ein Vogel vorbeigeflogen und hat einen Christenknochen durchs Kamin fallenlassen; ich habe ihn zwar eiligst wieder hinausgeworfen, aber es kann wohl sein, dass es noch danach riecht." Er gab sich damit auch zufrieden. Aber als sie morgens aufstehen wollten, erzählte sie ihm, dass die jüngste Prinzessin mit ihrer Magd gekommen sei. Sie seien auf der Suche nach einem Prinzen namens Sorge und Leid in dem großen Wald. Als der Troll das hörte, meinte er, das sei so weit im Norden, dass man nicht hinsegeln und nicht hinrudern könne. „Das ist die Prinzessin, die ihn hat heiraten wollen, aber sie bekommt ihn niemals im Leben, denn in zwei Tagen muss er die große Riesin heiraten. – Wo sind sie denn, die Mädchen, die sollen mir nicht lebendig von hier fortkommen!" – „Ach nein, du darfst ihnen nichts tun!", sagte die Riesin und erzählte ihm, sie hätten ihr einen Ballen Zwillich für Weißzeug geschenkt. „Dafür sollt du ihnen dein Siebenmeilenwams leihen bis zum nächsten Nachbarn." Als der Troll hörte, wie freundlich sie gegen die Riesin gewesen waren, war er gleich dazu bereit. Am nächsten Morgen zog er ihnen das Siebenmeilenwams an. „Wenn ihr am Ziel seid, braucht ihr nur zu sagen: „Wo du heut früh angezogen wurdest, sollst du heute Nacht wieder hängen." Da fuhren sie über Berg und tiefes Tal, immer weiter und weiter. In der Dämmerung kamen sie wieder an einen großen, wilden Felsen.

„Hier will ich anklopfen", sagte die Magd und polterte an die Felswand. – „Ach nein!" sagte die Prinzessin, „klopf doch bitte hier nicht an, du siehst ja, wie unheimlich es hier aussieht." – „Wer rumpelt an meiner Tür?", schrie drinnen im Felsen das Riesenweib und machte die Tür gerade so weit auf, dass sie ihre Nase, die drei Ellen lang war, durch den Spalt stecken konnte. – „Hier ist die jüngste Prinzessin mit ihrer Magd auf der Suche nach einem Prinzen, der Sorge und Leid heißt und im goldenen Wald wohnt. – „Ach, pfui, das ist so weit im Norden, dass keiner hinsegeln und hinrudern kann. Ist das vielleicht die Prinzessin, die ihn heiraten wollte?", fragte die Riesin. Ja, das sei sie, gab die Magd zur Antwort. – „Er muss aber die große Riesin im goldenen Wald heiraten, da könnt ihr ebenso gut jetzt wie später umkehren!" Aber umkehren wollten die Mädchen nicht und fragten, ob sie hier unterkommen könnten, wenn auch nur für die stockfinsterste Nacht. – „Ja, unterkommen könnt ihr wohl", sagte die Riesin, „aber wenn mein Mann heut Nacht nach Hause kommt, so reißt er euch den Kopf ab und frisst euch auf." Da holte die Magd die Elle Leinwand hervor und schenkte sie der Riesin. – „Ach nein, nun bin ich schon dreihundert Jahre verheiratet und habe noch nie Weißzeug aus Leinwand besessen!" Sie freute sich so sehr, dass sie die Mädchen einlud und es an nichts fehlen ließ. „Ich will euch in der Vorratskammer verstecken, vielleicht findet mein Mann euch da nicht", sagte sie und richtete ihnen das Bett weich und sorgsam, wie das schönste Bett der Welt. Aber nun waren die Prinzessin und ihre Magd so über alle Maßen müde und elend, dass sie sich nicht mehr länger aufrecht halten konnten. Die Prinzessin legte sich, aber die Magd blieb noch so weit bei Besinnung, dass sie Prinzessin ergriff und stützte und sie nicht die Beine beugen ließ.

Um Mitternacht fing es ganz gräulich an zu donnern und zu poltern, das ganze Haus wankte, als ob Dach und Wände einfallen wollten. Das war der Großtroll, der nun heimkam. Als er die erste Nase zur Tür hereinstreckte, schrie er schon ganz wild und barsch: „Pfui! Pfui! Ich rieche Christenfleisch!“, und er war in heller Wut, dass die Funken und Flammen von ihm stoben. – „Ja, es ist ein Vogel vorbei geflogen, der hat einen Christenknochen durch den Schornstein fallenlassen, ich habe ihn zwar eiligst wieder hinausgeworfen, aber es kann schon sein, das es immer noch danach riecht.“ Damit gab er sich zufrieden. Als sie am Morgen aufwachten, erzählte sie ihm, dass die jüngste Prinzessin und ihre Magd gekommen seien, die suchten einen Prinzen, der Sorge und Leid heiße und in dem goldenen Wald wohne. „Ach pfui! Das ist so weit im Norden, dass man nicht hinsegeln kann und nicht hinrudern!“, schrie der Obertroll. „Aber sie bekommt ihn nie im Leben, denn morgen muss er die große Riesin heiraten. - Wo sind denn die Mädchen? Mn, mn, mn, das gibt einen feinen Leckerbissen!“, schrie er und tanzte rund herum und schnupperte und schnüffelte mit allen seinen neun Nasen auf einmal. – „Ach nein, du darfst ihnen nichts tun!“ sagte die Riesin, „sie haben mir eine Elle Leinwand geschenkt, deshalb sollst du ihnen dein Siebenmeilenwams bis zum nächsten Nachbarn leihen.“ Als der Obertroll hörte, dass die Mädchen so freundlich gewesen waren, war er damit einverstanden.

Als sie sich am Morgen gestärkt hatten, zog er ihnen sein Siebenmeilenwams an. „Nun müsst ihr sagen: Vorwärts, vorwärts über Weidenbusch und Tannenwipfel, über Berg und Tal zum nächsten Nachbarn! Und wenn ihr am Ziel seid, so braucht ihr nur zu sagen: Wo du heute früh angezogen wurdest, sollst du heute Nacht wieder hängen.“ Sie taten, wie er ihnen gesagt hatte und fuhren weit und immer weiter, über Berg und tiefes Tal.

In der Dämmerung kamen sie in einen großen Wald, wo alle Bäume kohlschwarz waren. Wenn man sie nur ein wenig anrührte, wurde man schwarz und rußig. Aber mitten im Wald war eine Lichtung, darauf stand eine elende, baufällige Hütte. Sie hielt nur noch an zwei Balken zusammen und war jämmerlicher anzusehen als die elendste Sennhütte. Und vor der Tür lag ein Kehrichthaufen mit alten Schuhen, schmutzigen Lumpen und anderem hässlichem Zeug. Die Magd schickte das

Siebenmeilenwams heim und sagte: „Hier will ich anklopfen." – „Ach nein, ach nein", jammerte die Prinzessin, „bitte klopf hier nicht an! Du siehst ja, wie hässlich es hier ist!" – „Wenn du nicht tust, wie ich tue, so geht es uns beiden schlecht!", sagte die Magd, stapfte durch den Kehrichthaufen und klopfte an. Ein uraltes Trollweib mit einer drei Ellen langen Nase guckte zum Türspalt heraus. – „Wenn die Frauenzimmer herein wollen, so wollen sie, wenn sie aber nicht herein wollen, so können sie es bleiben lassen!", sagte sie und wollte ihnen schon die Tür vor der Nase zumachen. - „Ja freilich, wir wollen schon hinein", gab die Magd zur Antwort, stapfte über die Schwelle durch Schmutz und Lumpen und zog die Prinzessin hinter sich her. „O weh, o weh!", jammerte die Prinzessin. Überall war es hässlich und schwarz, rußig und dreckig. Nach einer Weile ging die Riesin hinaus und holte ihnen Milch zum Trinken. – „Wenn die Frauenzimmer trinken wollen, so wollen sie, wollen sie aber nicht, so lassen sie es bleiben!", sagte sie und wollte die Milch schon wieder mitnehmen. – „Ja, danke, wir wollen trinken", sagte die Magd und trank. – „O weh, o weh", jammerte die Prinzessin, als sie trinken sollte, denn die Milch war in einem Sautrog und Schmutz und Haarwische schwammen obenauf. – Dann setzt das Riesenweib ihnen Essen vor. – „Wenn die Frauenzimmer essen wollen, so wollen sie, wollen sie aber nicht, so können sie es bleiben lassen." – „Ja, freilich, wir wollen gern", sagte die Magd, ehe das hässliche Riesenweib die Speisen wieder fortschaffen konnte. Das Brot war schimmelig, am Käse hatten die Mäuse gefressen, das Fleisch war so alt, dass man es von weitem roch, und zwei dreckige Kalbsschwänze waren um die Butter garniert. – „O weh, o weh!", jammerte die Prinzessin und wollte schon zu weinen anfangen, aber sie musste ja wie die Magd tun und die gräulichen Gerichte versuchen. Nun mussten sie sich bedanken. In ein paar Pelzfetzen und anderen Lumpen lag ein alter Mann auf dem Bett, den sie seither nicht gesehen hatten. Als sie zu ihm traten, um zu danken, stand er auf, und als die Prinzessin ihm die Hand gab, küsste er sie. In demselben Augenblick verwandelte er sich in einen Prinzen, der war unerhört schön, und die Prinzessin er-

kannte in ihm Sorge und Leid wieder, nach dem sie so Sehnsucht gehabt hatte. – „Nun hast du mich erlöst“, sagte er. – „Weh dem, der dich erlöst hat!“, schrie die Riesin und rannte zur Tür hinaus. Aber auf der Treppe blieb sie stehen und wurde zu Stein, denn der Wald sah nicht mehr kohlschwarz aus, sondern war von Wipfel zu Wipfel golden und glitzerte und blinkte wie die Sonne. Die elende Hütte hatte sich in ein Königsschloss verwandelt, ganz unermesslich groß und schön, und Dach und Wände waren aus Gold und Silber. – „Nun kannst du deine Beine wieder beugen“, sagte der Prinz, „und hast du bisher Sorge und Leid gehabt, so sollst du von nun an umso mehr Freude haben.“

Die alte Riesin hatte gebraut und gebacken und das ganze Hochzeitsmahl fertiggemacht. Als der nächste Morgen kam, feierten der Prinz und die Prinzessin Hochzeit mit allen Leuten im Schloss und in seinem Land. Und wenn du einmal in den goldenen Wald kommst, so kannst du dort ein paar herzige Prinzlein sehen und die steinerne Riesin, die da vor der Tür steht mit ihrer drei Ellen langen Nase.

(Märchen aus Norwegen, bearbeitet von Heidi Christa Heim)

Durch die dunkle Nacht der Seele

Man sollte nicht jedes Märchen mit demselben Deutungsschlüssel zu öffnen versuchen. Bei diesem langen Trennungsmärchen wäre es ohnehin schwierig, alle wichtigen Bilder einzeln zu betrachten. Dagegen erscheint es mir naheliegend, in dieser Geschichte einmal die *Aufgaben* der Königstochter auf dem Trennungsweg anzuschauen.

Der Beginn dieses Märchens ist wichtig und erhellend für den Fortgang der Handlung. Ein liebender Vater-König, der in den Krieg ziehen muss und dessen drei Töchter sich etwas wünschen dürfen. Nun enthält dieses Märchen hier schon eine erste Besonderheit: In anderen ähnlichen Märchen wünschen sich die beiden Ältesten Kleider und Schmuck, also etwas Äußerliches. Hier aber wollen sie Gegenstände, die ihnen ein ewiges oder stets frohes Leben ermöglichen, also etwas, was der Seele wohltut, aber die dunklen Seiten des Lebens ausblendet. Im krassen Gegensatz dazu wünscht sich die Jüngste „Sorge und Leid". Ihr Wunsch fällt ganz aus dem Rahmen, er ist zunächst unverständlich. Weiß man aber, dass die gewünschten Gegenstände der jüngsten Töchter stets zu deren eigenen Bestimmung führen, so könnte dieser Wunsch bedeuten: Ihre Seele weiß im Voraus, was ihr bestimmt ist, und lässt dies als Wunschbild in ihr aufsteigen. Offensichtlich will dieses Mädchen das *ganze* Leben leben. Sie ist bereit, auch mit seinen dunklen Seiten in Kontakt zu kommen, sie zu erfahren und daran zu reifen. Genau deshalb wird ihr das Leben auch gelingen.

♥ Hier kann ein erstes Märchenlicht aufscheinen: Wehre dich nicht gegen die dunklen Seiten der Trennung, dann du wirst sie mit Gewinn hinter dich bringen!

Nun stellt sich „Sorge und Leid" in der unerwarteten und sehr verspielten Gestalt eines Eichhörnchens ein. In der Edda gibt es ein Eichhörnchen mit Namen Ratatoskr, das am Stamm der Weltenesche Yggdrasil auf- und abrennt. Es bringt des Adlers Worte im Wipfel nach unten zum Drachen Nidhöggern in den Wurzeln und dessen Botschaft nach oben. So kann es als Bote zwischen Himmel und Erde gesehen werden. Auch das Eichhörnchen unseres Märchens ist ein Wanderer zwischen zwei Welten. Er ist in Wahrheit ein Mann, der „von einer schlimmen und bösen Riesin" in Tiergestalt verzaubert wurde, in der

Nacht aber als Mensch zu ihr kommt. In dieser menschlichen Gestalt aber darf er vorerst nicht angeschaut werden.

♥ Ganz sicher hat das heimliche Beleuchten des Mannes zur Nachtzeit viele Aspekte: Es ist ein zu frühes Handeln zur falschen Zeit, ein Handeln, das nicht im Einklang mit dem Kairos geschieht. Auch psychologisch gesehen kann es fatal sein, Unbewusstes unzeitgemäß ins Licht des Bewusstseins heben zu wollen. Auch wenn verständlich ist, dass die junge Frau das dunkle Geheimnis der Nacht klären will, bricht sie doch vorsätzlich ein gegebenes Versprechen und begeht einen klaren Vertrauensbruch.

Der Mann wird nun entrückt. Die Frau weiß nur, dass er „im goldenen Wald“ wohnt, und will nun die Wanderung ins Ungewisse wagen, obwohl die Aussicht, ihn zu finden gering ist.

Die erste Aufgabe: Verbündete suchen

Wer ins Ungewisse wandert, tut wohl daran, einen vertrauten Menschen mitzunehmen. Die Königstochter sucht nun aus der Dienerschaft des Schlosses eine bestimmte Magd aus und bittet sie, mit ihr den Goldenen Wald zu suchen. Sie hat eine kluge Wahl getroffen, auch wenn die Bedingungen der Magd zunächst genauso wenig verständlich sind, wie ihr eigener Wunsch es zuvor war. Drillich, Zwillich und feines Leinen sind Gewebe in sich steigernder Feinheit – aber wozu sollen diese beim Wandern gut sein? Es zeigt sich später, dass die Magd intuitiv geahnt hat, dass dergleichen Dinge später notwendig, ja, die Schlüssel zum Fortkommen sein werden. Diese Magd ist überhaupt in vieler Hinsicht eine gute Verbündete: Sie besitzt Eigenschaften, welche die Prinzessin noch nicht hat, und setzt sie zu beider Wohl ein. Auch später ist es wichtig, dass beide weitere Verbündete gewinnen, wie beispielsweise die drei Riesinnen. ♥ Man könnte in der Magd auch eine seither inferiore Eigenschaft der Prinzessin selbst sehen, eine noch ungelebte und unterdrückte Seite von ihr. Mit ihr und mit den hilfreichen Riesinnen zeigt uns das Märchen, wie wichtig bei einem weiblichen Trennungsweg gute Begleiterinnen in jedem Alter sind. Eine Scheidung gleicht einer Wüstenwanderung; meiner Erfahrung nach kann niemand sie alleine durchstehen!

Die zweite Aufgabe: Neue Seiten entwickeln

Eine seither von aller Unbill des Lebens bewahrte Prinzessin erfährt nun, wie es ist, mit wunden Füßen zu wandern und dabei ratlos, mutlos und sterbensmüde zu sein. Zielstrebigkeit und Ausdauer werden von ihr verlangt. Das Verbot, die Knie zu beugen, fordert vor allem aber Unbeugsamkeit. Die Wohltat eines entspannten Schlafes ist den beiden also verwehrt. Sie können jeweils nur mit Hilfe der Gefährtin für kurze Zeit Schlaf finden. Nie hätte die Prinzessin geglaubt, dass sie so etwas durch – stehen könnte! Auch später entwickelt ihr zweites Ich in Gestalt der Magd ganz neue Fähigkeiten: den Mut, am Felsen der Riesin anzuklopfen, den guten Einfall, dieser das Stück Stoff zu schenken, und die Fähigkeit, mit Ekelhaftem umzugehen. ♥ Jede geschiedene Frau muss auf ihrem eigenen Trennungsweg ganz neue Seiten entwickeln. Von den Schrauben, die sie nun selbst in der Wand befestigen muss, bis zum Verwaltungskram muss sie jetzt vieles selbst machen, was sie seither an den Partner delegiert hatte. Hier versichert diese Geschichte uns zuversichtlich: Du kannst viel mehr, als du vorher dachtest!

Die dritte Aufgabe: Den wilden Tieren standhalten

Eine unglaubliches Bild: die erschöpften, ängstlichen Mädchen auf dem Baum und darunter die heulenden, wilden Tiere in sich steigernder Gefährlichkeit! Diese versuchen sogar, sie von ihrem Schlafbaum herunterzuschütteln. Eine tödliche Bedrohung! Aber auch eine, die hilft, wachzubleiben und die Beine nicht zu beugen. ♥ Vielleicht erinnert uns diese unglaubliche Szene an die schlaflosen Nächte, die wir in der ersten Zeit nach der Trennung erlebt haben: Die wilden Tiere destruktiver und depressiver Gefühle bedrohten uns und rüttelten tatsächlich an den Wurzeln unserer Existenz. Wir drohten abzustürzen, zu fallen und von Gefühlen der Angst, der Verzweiflung, der Wut, der Trauer und der Hoffnungslosigkeit zerrissen zu werden. – „Ja, so ist das Leben!“, sagt hier das Märchen. „Ja, diese Qualnächte gehören zum Trennungsweg. Schon viele Frauen haben sie erlebt und durchgestanden. Auch du wirst die Kraft haben, sie durchzustehen. Sie gehen vorüber. Sie verschwinden im Licht jedes neuen Tages, als ob sie nie da gewesen wären, vor allem dann, wenn du Licht auf all deine Gefühle fallen lässt und sie anschaust.“

Die vierte Aufgabe: Schattenfiguren Geschenke machen

Drei Riesinnen mit überlangen Nasen werden mit Drillich, Zwillich und feinem Leinen beschenkt. Daraufhin laden sie die Mädchen ein, bewirten und beherbergen sie. Die Riesinnen freuen sich: Noch nie haben sie ein Stück Stoff für Weißzeug besessen. Sie können jetzt ihre Leib- oder Bett- oder Tischwäsche kultivierter und „menschlicher“ gestalten. Humaner ist jetzt auch ihre Reaktion: Sie beschützen die Mädchen vor der zerstörerischen Urkraft der Riesenmänner, ja, sie veranlassen diese, ihnen ein Zauberding für die mühelose und schnelle Weiterfahrt zu leihen. ♥ Schattenfiguren wollen offensichtlich verständnisvoll und freundschaftlich behandelt werden. Dann beschenken sie uns mit Schätzen, die wir dringend für unseren Lebensweg und unsere Weiterentwicklung brauchen. Die Antwort der gefährlichen Hinderer hängt offensichtlich von der Art der Kontaktaufnahme ab. „Ob der Schatten zum Freund oder Feind wir, hängt von uns selbst ab.“ [14] Das Siebenmeilenwams könnte uns darauf hinweisen, dass unser Trauerprozess nach einiger Zeit etwas müheloser und schneller abläuft.

Die fünfte Aufgabe : Entmutigungen standhalten und nicht aufgeben

Insgesamt sechsmal wird den Mädchen dringend abgeraten, weiterzuwandern. Es wird als unabänderlich hingestellt, dass Sorge und Leid die große Trollhexe heiraten muss. Und als ob diese äußere Entmutigung noch nicht genug wäre – auch die eigene Müdigkeit, Ratlosigkeit und Schwäche weisen in dieselbe Richtung. Aber die Mädchen „wollen unter keiner Bedingung umkehren“. Sie lassen sich auf ihrem Weg von niemandem abhalten und entmutigen. Tatsächlich geht es dann irgendwie doch weiter. ♥ Hier wird wieder einmal deutlich, wie sehr Märchenfiguren Modellcharakter haben und wie sie uns bei dieser fünften Lernaufgabe eine Art Leitstern sein können. Sie zeigen uns, wie wir uns trotz der Schwierigkeiten einer Scheidung nicht beirren lassen können. „Steh zu deinem eigenen Weg, geh ihn einfach weiter, auch du wirst ans Ziel kommen!“, heißt ihre Botschaft.

Die sechste Aufgabe: Ekelhaftes annehmen und für Schwierigkeiten danken

Die Prinzessin und ihre Magd müssen zuletzt durch Schmutz und Unrat waten. Die große Trollhexe würde sie zwar am liebsten ihrer

Höhle ganz fernhalten, aber irgendwie fühlt sie sich doch durch die Gesetze der Gastfreundschaft gebunden. Nun ergreift die Magd wieder rasch und beherzt die halbherzig angebotene Möglichkeit, ins Haus zu kommen. Die Riesin setzt ihnen ekelhafte, verdorbene Speisen vor, wieder in der Hoffnung, dass diese abgelehnt werden. Sie hätte dann wohl einen triftigen Grund, die Mädchen zu vernichten. Aber diese essen davon und vergessen auch den Dank nicht. Dieser Dank hat sicher auch auch eine volkskundliche Komponente. Er spiegelt einen alten nordischen Brauch: Wurden Fremde bewirtet, bedankten diese sich nach dem Essen bei *allen* Anwesenden. Dieser Dank aber meint noch mehr: ♥ Auch bei der friedlichsten und fairsten Trennung müssen wir Ekelhaftes schlucken. Wenn wir es fertigbrächten, auch dafür zu danken, könnte sich unser kohlschwarzer Elendswald in einen lichten, goldenen Wald verwandeln. Wenn wir auch die schlechteste Gabe nicht gering achten, wenn wir sogar für die Schwierigkeiten der Trennung danken können, geschieht Erlösendes und Verwandelndes.

Die siebente Aufgabe: Sich für Verwandlung und Erlösung öffnen

Eine endlose Wanderung, die wahrlich in die dunkle Nacht der Seele führte, ist plötzlich zu Ende gegangen, als die Königstochter es nicht mehr vermutete. Durch ihren Leidensweg wurde nicht nur der Prinz verwandelt, sondern auch der Wald erstrahlt in goldenem Licht. So ganz beiläufig macht das Märchen hier eine unglaubliche Aussage: Auch die Natur wird am Ende eines durchgestandenen Trennungsweges erhellt und durchlichtet, ja in ihrer Substanz verändert! Verwandelt sind aber auch das Schloss und seine Bewohner. Ja, sogar alle Menschen im Land sind erlöst und feiern in höchster Freude eine nicht enden wollende Hochzeit mit, von der wir bis heute erzählen. ♥ Gefeiert wird auch die Vereinigung mit dem Animus, die erst nach einem langen Entwicklungsweg möglich ist. „Auch im wirklichen Leben verlangt die Bewusstmachung des Animus von der Frau viel Zeit und das Ertragen großer Leiden. Doch wenn es ihr gelingt, sich von der Besessenheit durch ihn zu befreien, verwandelt er sich in einen inneren Gefährten von höchstem Wert, der ihr positive männliche Eigenschaften wie Initiative, Mut, Objektivität und geistige Klarheit verleiht.“[15]

Dieses Märchen erinnert mich sehr an meine Erfahrungen aus der ersten Zeit nach der Trennung, als Trauer und Schmerz nie zu enden schienen. Hier spendet diese Geschichte Trost: Genau dann, wenn wir nicht zu hoffen wagen, dass wir jemals aus dem Tal der Tränen wieder herauskommen – genau dann wird unsere Trauer sich in Freude verwandeln! Ob das nun die Wiedervereinigung mit unserem früheren Partner ist, ob wir einen neuen Partner finden oder ob wir als Singles weiterleben, ist letztlich sekundär. Wichtig ist nur, dass wir zu neuer Lebensfreude und Ganzheit gelangen.

Welche Begegnungen dabei hilfreich sein können, zeigt uns eine weitere Geschichte.

Robert Engels 1897

Finist, der lichte Falke

Es war einmal ein alter Mann, der hatte drei Töchter. Die Älteste und die Zweite putzten sich gerne, und nur die Jüngste kümmerte sich um das Hauswesen. Der Vater begab sich einst zur Stadt und fragte seine Töchter, was er ihnen kaufen sollte. Da sprach die Älteste: „Kauf mir Stoff zu einem Kleide!“ Die Mittlere wünschte sich dasselbe. „Aber was soll ich dir, geliebtes Töchterchen, kaufen?“, fragte er die Jüngste. „Kaufe mir, Väterchen, das Federchen von Finist, dem lichten Falken.“ Der Vater nahm Abschied und fuhr in die Stadt. Den beiden Ältesten kaufte er Stoff zum Kleide, aber das Federchen von Finist, dem lichten Falken, fand er nirgends. Er kehrte nach Hause zurück und erfreute die älteste und mittlere Tochter durch die neuen Stoffe. „Aber die Feder von Finist, dem lichten Falken, habe ich nicht gefunden“, sagte er zur Jüngsten. – „Dann sollte es so sein“, sagte sie, „vielleicht glückt es dir ein anderes Mal, sie zu finden.“ Die älteren Schwestern schnitten sich nun die Kleider zu, nähten sie und lachten über die Jüngste; aber diese machte sich nichts daraus.

Wieder schickte sich der Vater an, zur Stadt zu gehen, und fragte: „Nun, meine Töchter, was soll ich euch mitbringen?“ Die Älteste und die Mittlere baten um ein schönes Kopftuch, aber die Jüngste sagte: „Kaufe mir, Väterchen, das Federchen von Finist, dem lichten Falken.“ Der Vater fuhr zur Stadt, kaufte zwei schöne Kopftücher, aber das Federchen kam ihm nicht vor die Augen. Er kehrte zurück und sprach: „Ach, Töchterchen, ich habe die Feder deines Falken wieder nicht gefunden.“ – „Macht nichts, Väterchen, vielleicht glückt es dir ein anderes Mal.“

Seht, zum dritten Mal machte sich der Vater auf den Weg zur Stadt und fragte: „Sagt, Töchter, was soll ich euch kaufen?“ Die älteren Schwestern sagten: „Kaufe uns Ohrringe!“ Die Jüngste aber bat wieder: „Kaufe mir das Federchen von Finist, dem lichten Falken.“ Der Vater kaufte die goldenen Ohrringe und be-

mühte sich, das Federchen zu finden, aber niemand wusste etwas davon. Betrübt verließ er die Stadt. Als er aber den Schlagbaum hinter sich gelassen hatte, kam ihm ein Alter entgegen, der trug ein Kästchen. „Was trägst du da, Alter?" – „Die Feder von Finist, dem lichten Falken." – „Was verlangst du dafür?" – „Gib tausend." Der Vater zahlte das Geld und eilte mit dem Kästchen nach Hause. Die Töchter kamen ihm entgegen. „Nun, meine geliebte Tochter", sagte er zur Jüngsten, „endlich habe ich auch für dich ein Geschenk; da, nimm es!" Die jüngste Tochter hüpfte beinah vor Freude. Sie nahm das Kästchen, küsste es zärtlich und drückte es fest an ihr Herz.

Nach dem Abendbrot begaben sich alle zum Schlafen in ihre Kammer. Auch sie ging in ihr Stübchen und öffnete das Kästchen. Sogleich wirbelte die Feder von Finist, dem lichten Falken heraus, stieß sacht auf die Erde, und vor dem Mädchen erschien ein schöner Zarewitsch. Sie hielten miteinander eine süße, eine gute Zwiesprache. Es hörten dies die Schwestern und fragte: „Mit wem, Schwester, unterhältst du dich?" – „Mit mir selber", antwortete das schöne Mädchen. – „Nun, so mach die Tür auf!" Der Zarensohn ließ sich auf die Erde fallen und verwandelte sich in das Federchen. Sie legte es ins Kästchen und öffnete die Tür. Die Schwestern schauen hierhin, gucken dorthin – nichts ist zu finden. Sobald sie hinausgegangen waren, öffnete das schöne Mädchen das Fenster, nahm das Federchen heraus und sprach: „Fliege, mein Federchen, fliege hinaus ins freie Feld! Fliege frei umher, bis die rechte Zeit kommt!" Die Feder verwandelte sich in einen lichten Falken und flog davon.

Am folgenden Abend flog Finist, der lichte Falke, wieder zu seinem Mädchen, und sie redeten fröhlich miteinander. Die Schwestern hörten es und liefen sogleich zum Vater. „Väterchen, bei unserer Schwester ist jemand des Abends, und jetzt sitzt er bei ihr und unterhält sich mit ihr." Der Vater stand auf und trat ins Zimmer der jüngsten Tochter. Aber der Zarewitsch hatte sich schon längst in ein Federchen verwandelt und lag im Kästchen. „Ach, ihr Nichtsnutzigen!", schalt der Vater die ältesten Töchter, was geht ihr ohne Not zu ihr? Es wäre besser, wenn ihr euch um euch selbst bekümmertet."

Am anderen Tag verfielen die Schwestern auf eine List. Am Abend, als es auf dem Gehöft völlig dunkel war, nahmen sie eine Leiter, stiegen zum Fenster des Mädchens hinauf und befestigten am Fensterbrett scharfe Messer und Nadeln. In der Nacht flog Finist,der lichte Falke, herbei. Immer wieder schlug er mit seinen Flügeln und stieß an die Scheibe, konnte aber nicht in die Stube gelangen, sondern verletzte nur seine Flügel. „Lebe wohl, liebes Mädchen!“, sagte er. „So du mich zu suchen gedenkst, so kannst du mich hinter dreimal neun Ländern im dreimal zehnten Reich finden. Aber ehe du nicht drei Paar eiserne Schuhe durchgelaufen, drei eiserne Wanderstäbe zerbrochen und drei steinharte Opferbrote vertilgt hast, wirst du mich, deinen Liebsten, nicht wiederfinden.“ – Aber das Mädchen schlief fest, und obgleich sie im Schlaf diese unguten Worte hörte, vermochte sie nicht zu erwachen.

Erst am Morgen erwachte sie, schaute sich um und sah die am Fester aufgespießten Messer und Nadeln, von denen das Blut heruntertropfte. Sie rang die Hände: „Ach, mein Gott! Gewiss haben meine Schwestern meinem Liebsten ein Leids getan!“ Sie lief zu einem Schmied, ließ sich drei Paar eiserne Schuhe und drei eiserne Wanderstäbe machen, ergriff drei steinharte Opferbrote und machte sich auf den Weg, um Finist, den lichten Falken, zu suchen.

Sie wanderte und wanderte. Ein Paar eiserne Schuhe hatte sie schon durchlaufen, einen eisernen Stab zerbrochen und ein steinhartes Opferbrot aufgenagt, als sie endlich zu einer Hütte kam. Sie klopfte an und rief: „Ihr guten Leute! Bewahrt ein schönes Mädchen vor der dunklen Nacht!“ – „Nur herein, bitte!“, antwortete ein altes Mütterchen, „wohin gehst du, schönes Mädchen? Wohin des Wegs, mein Täubchen?“ – „Ach, Großmütterchen, ich suche Finist, den lichten Falken.“ – „Nun, schönes Mädchen, da wirst du noch weit zu suchen haben!“ – Am Morgen sagte die Alte: „Geh jetzt zu meiner mittleren Schwester, sie wird dir guten Rat erteilen. Hier aber nimm mein Geschenk, eine silberne Kunkel und ein goldenes Spindelchen. Wenn du damit Flachs spinnst, wird ein goldener Faden daraus.“ Darauf nahm sie ein Knäuel, warf es auf den Weg und befahl ihr, nachzugehen: „Wohin das Knäuelchen rollt, dahin nimm deinen Weg." Das Mädchen dankte der Alten und ging hinter dem Knäuelchen her.

Weit, weit weg kam sie. Das zweite Paar Schuhe war durchgelaufen, der zweite Stab zerbrochen und auch das zweite steinharte Opferbrot aufgezehrt, als endlich das Knäuel zu einem Hüttchen rollte. Sie klopfte an: „Ihr guten Leute! Bewahrt ein schönes Mädchen vor der dunklen Nacht!" – „Nur herein, bitte!" antwortete ein altes Mütterchen, „wohin gehst du, meine Schöne?" – „Großmütterchen, ich suche Finist, den lichten Falken." – „Da wirst du noch weit zu suchen haben!" – Am anderen Morgen gab ihr die Alte eine silberne Schüssel und ein kleines goldenes Ei und schickte sie zu ihrer ältesten Schwester: „Sie weiß, wo Finist, der lichte Falke, zu finden ist."

Das Mädchen nahm Abschied von der Alten und machte sich auf den Weg. Sie ging und ging, das dritte Paar Schuhe war ausgetreten, der dritte Stab zerbrochen und das Letzte der steinernen Opferbrote verzehrt, als das Knäuel zu einem dritten Hüttchen rollte. Sie klopfte an und sagte: „Ihr guten Leute! Bewahrt ein schönes Mädchen vor der dunklen Nacht!" Wieder kam eine alte Frau heraus: „Komm herein, mein Täubchen! Woher kommst du und wohin führt dich dein Weg?" „Ach Großmütterchen, ich suche Finist, den lichten Falken." – „Eijei, der ist schwer, sehr schwer zu finden! Er lebt jetzt in einer Stadt, zusammen mit der Tochter der Hostienbäckerin." Am Morgen sagte die Alte zum Mädchen: „Sieh hier mein Geschenk: einen goldenen Stickrahmen und eine goldene Nadel. Du brauchst nur den Stickrahmen zu halten, und die Nadel wird von selbst nähen. So, nun geh mit Gott und verdinge dich als Magd bei der Hostienbäckerin."

Gesagt, getan. Das Mädchen gelangte zur Hostienbäckerin und verdingte sich als Magd bei ihr. Die Arbeit ging ihr flink von der Hand: sie heizt den Ofen, trägt Wasser und bereitet die Mahlzeit. Die Hostienbäckerin sah es und freute sich. „Gott sei gelobt", sagte sie zu ihrer Tochter, „wir fanden endlich eine gute Dienerin, alles tut sie ohne Anweisung." Als das Mädchen seine Hausarbeit erledigt hatte, nahm sie die silberne Kunkel und die goldene Spindel und setzte sich zum Spinnen hin. Sie spinnt und es kommt ein Faden hervor, nicht ein einfacher, sondern von reinem Gold. Es sah dies die Tochter der Hostienbäckerin und sagte: „Ach, schönes Mädchen, willst du mir nicht dein Spielzeug verkaufen?" – „Nun, meinetwegen, ich verkaufe es." – „Und um welchen Preis?" – „Erlaube mir, mit deinem Mann die Nacht zu verbringen." Die Tochter der Hostienbäckerin stimmte zu. „Nichts Übles", denkt sie, „kann geschehen. Ich kann ja meinen Mann durch ein Schlafmittel betäuben und mit dieser goldenen Spindel reich werden."

Finist, der lichte Falke, aber war nicht zu Hause. Den ganzen Tag über streifte er durch die Lüfte und kehrte stets erst gegen Abend heim. Während das Mädchen die Speisen auf den Tisch stellte, schaute sie immer nach ihm hin, aber er erkannte sie nicht. Die Tochter der Hostienbäckerin mischte nun ein Schlafmittel in den Tee des Mannes, brachte ihn zu Bett und sagte zur Magd: „Geh jetzt zu ihm ins Zimmer und verscheuche ihm die Fliegen!" Das Mädchen tat, wie ihr geheißen, und vergoss dabei viele Tränen: „So wach doch auf, Finist, du lichter Falke! Ich bin es! Drei Paar eiserne Schuhe habe ich abgelaufen, drei Paar eiserne Stäbe zerbrochen, drei steinere Opferbrote gegessen und dabei immer nur dich, meinen Liebsten, gesucht." Aber Finist schlief fest und hörte nichts.

Am anderen Tag nahm die Dienerin das silberne Schüsselchen und ließ das kleine goldene Ei darauf rollen. Da rollten immer mehr kleine goldene Eier in die Schüssel! Die Tochter der Hostienbäckerin sah dies: „Verkauf mir dein Spielzeug." – „Bitte, kaufe es." – Was ist der Preis?" – „Erlaube mir, noch einmal eine Nacht mit deinem Mann zu verbringen." – „Gut, ich bin damit einverstanden." – Sie setzten sich zum Abendessen hin. Das schöne Mädchen trug die Speisen auf und sah immer nach ihm hin, aber er erkannte sie wieder nicht. Wieder gab die Tochter der Hostienbäckerin ihm einen Schlaftrunk, geleitete ihn zu Bett und befahl der Magd, ihm die Fliegen zu verscheuchen. Auch diesmal konnte das Mädchen, so sehr sie auch weinte, ihn nicht aufwecken; er schlief durch bis zum Morgen und hörte nichts.

Am dritten Tag setzte sich das schöne Mädchen hin, nahm den silbernen Stickrahmen in die Hände, das Nädelchen stickte, Muster von wunderbarer Schönheit. Es sah dies die Tochter der Hostienbäckerin: „Verkauf mir dein Spielzeug!" – „Gern." – „Um welchen Preis?" – „Erlaube mir, noch eine Nacht mit deinem Mann zu verbringen." – „Gut, ich bin einverstanden."

Am Abend kam Finist, der lichte Falke, herbeigeflogen. Die Frau mischte wieder ein Schlafmittel in den Trunk, geleitete ihn zum Schlafen und befahl der Magd, ihm die Fliegen zu vertreiben. Das Mädchen tat das und rief dabei unter Tränen: „So wach doch auf, Finist, du lichter Falke! Ich bin es! Drei Paar eiserne Schuhe habe ich abgelaufen, drei eiserne Stäbe zerbrochen, drei steinharte Opferbrote gegessen und dabei immer dich, meinen Liebsten, gesucht." Aber Finist, der lichte Falke, schlief fort, er ahnte nichts. Lange weinte sie, lange suchte sie, ihn zu erwecken. Da fiel plötzlich eine Träne des schönen Mädchens auf seine Wange, und sogleich erwachte er. „Ach", sprach er, „irgend etwas hat mich verbrannt." „Finist, mein lichter Falke!", rief das Mädchen aus. „Ich bin es! Sieh, drei Paar eiserne Schuhe habe ich abgelaufen, drei eiserne Stäbe zerbrochen, drei steinharte Opferbrote vertilgt – immer suchte ich dich. Sieh, schon die dritte Nacht bin ich bei dir, doch nie erwachst du, auf meine Worte antwortest du nichts." Da erkannte Finist, der lichte Falke, sie sogleich und freute sich so, wie man es nicht sagen kann. Sie hielten Rat und gingen heimlich fort. Am anderen Morgen suchte die Tochter der Hostienbäckerin ihren Mann, aber der war nicht zu finden, und auch die Magd war verschwunden. Sie klagte es sogleich ihrer Mutter, und die befahl, die Pferde anzuspannen und setzte ihnen nach. Sie fuhren und fuhren und kamen auch zu den drei alten Frauen, aber Finist, den lichten Falken, erreichten sie nicht, von dem war die Spur längst verloren.

Finist, der lichte Falke, stand bereits mit seiner Braut vor ihrem elterlichem Haus. Er ließ sich auf die feuchte Erde fallen und verwandelte sich in eine Falkenfeder. Das Mädchen nahm sie, steckte sie in ihr Brusttuch und ging zum Vater. „Ach meine liebe Tochter, ich dachte, du seiest nicht mehr auf der Welt.

Wo bist du nur so lange gewesen?" – „Ich bin zu einem heiligen Ort gepilgert, um zu beten." Nun trug sich dies gerade in der Osterwoche zu. „Meine liebe Tochter", sprach der Vater zur Jüngsten, „mach dich fertig, wir wollen zur Messe fahren. Heute ist doch ein Freudentag." – „Ach, Väterchen, ich habe nichts anzuziehen." – „Lege Kleider und Schmuck von uns an", sagten die älteren Schwestern. – „Ach Schwestern, eure Kleider passen mir nicht, ich bleibe besser zu Hause." Der Vater fuhr nun mit den beiden Töchtern zur Frühmesse. Kaum waren sie fort, holte das Mädchen die Falkenfeder hervor. Die Feder schwebte zu Boden und verwandelte sich in den schönen Zarewitsch. Der Zarewitsch pfiff aus dem Fenster. Sogleich erschienen Kleider, Schmuck und eine goldene Kutsche. Sie zogen sich um und bestiegen die Kutsche. Sie gingen in die Kirche und stellten sich in die erste Reihe. Die Leute wunderten sich: „Irgendein Zarewitsch und eine Zarewna beehren uns!"

Noch ehe die Messe zu Ende war, verließen die beiden die Kirche und fuhren nach Hause. Der Wagen verschwand, die Kleider und der Schmuck waren wie weggeblasen, und der Zarewitsch wurde wieder zum Federchen. – Der Vater und die Schwestern kehrten zurück: „Ach Schwesterchen, wärest du doch mit uns gegangen! In der Kirche war ein schöner Zarewitsch mit einer unsagbar schönen Zarewna." – „Macht nichts, Schwesterchen. Ihr habt es mir erzählt, das ist ebenso gut, als wenn ich selbst dabei gewesen wäre."

Am nächsten Morgen geschah wieder dasselbe. Am dritten Tag aber, als der Zarewitsch mit seiner Braut eben in die Kutsche steigen wollte, eilte der Vater aus der Kirche und sah mit eigenen Augen, dass die Kutsche bis zu seinem Haus fuhr und dort verschwand. Da eilte der Vater heim und stellte seine jüngste Tochter zur Rede. Sie holte die Falkenfeder aus dem Mieder, diese schwebte zu Boden und verwandelte sich in den Zarewitsch. Bald darauf hielten die beiden Hochzeit und ein prächtiges Fest wurde gefeiert.Auf dieser Hochzeit war auch ich. Ich trank Wein, der floss mir über den Bart, aber in den Mund kam nichts.

(Märchen aus Russland, bearbeitet von Heidi Christa Heim)

Der Gang zu den Müttern

Der Mangel der Ursprungsfamilie

Auch bei diesem Märchen ist die anfängliche Familienkonstellation wichtig. Es gibt einen Vater mit drei Töchtern, aber die Mutter fehlt völlig. Dieser Vater sorgt im materiellen Bereich gut für die Töchter und erfüllt ihnen bereitwillig Wünsche nach Kleidern und Schmuck. Er hat aber große Schwierigkeiten, den Wunsch der Jüngsten nach der Feder des lichten Falken zu erfüllen. Dieser Wunsch zeigt, dass sie offensichtlich spürt, was ihr und was der Familie fehlt: die Leichtigkeit eines Vogels und das Licht aus einer jenseitigen Welt. Vielleicht fehlt den Töchtern auch die Freiheit, sich vom Vater lösen zu dürfen. Es fehlt dieser Familie auch an Verwandlungskraft und -möglichkeit. Darauf weist der Name Finist hin, den Schaffgotsch[16] mit Phönix übersetzt. Nun ist die Feder des lichten Falken in der „normalen" Handelswelt nicht zu finden, bezeichnenderweise aber „nach dem Schlagbaum", also jenseits des umfriedeten Stadtbezirks, dort, wo das freie Feld beginnt. Auch dort kann der Vater sie erst finden, als er über seine eigene Unfähigkeit trauert.

Die Begegnung der Liebenden

Hier gibt es einige kostbare Besonderheiten. Finist, der lichte Falke, ist kein verwunschener Prinz. Er kann seine Gestalt selbst ändern, braucht dazu allerdings die Berührung mit der Erde, wenn er Mensch werden will. Gehrts weist darauf hin, dass die Tiergestalt eine Zwischenstufe sein kann, wenn sich ein göttliches Wesen als Mensch „einkörpern" will. Ganz schön ist nun, wie sehr die Braut dieses sein Wesen verstanden hat, wenn sie das Fenster öffnet und ihn ins Freie entlässt: *„Fliege, mein Federchen, fliege frei umher, bis die rechte Zeit kommt."* ♥ Vielleicht spiegelt uns diese Stelle schmerzhaft ein eigenes Versagen während der Ehe: Haben wir unserem Liebsten soviel Freiheit gelassen?

Nun wird diese innige Zweisamkeit der jungen Liebe gestört. Die Schwestern, die in einem Weltbild des Haben-Wollens und in einer starren Moral feststecken, werden neidisch und empören sich, als die Jüngste nun etwas Wunderbares erlebt, das sie nicht erreichen können. Heimtückisch wollen sie nun dieses Neue ausgrenzen und verletzen.

♥ Es wäre natürlich sehr bequem, wenn wir die missgünstigen, hinterhältigen Schwestern als etwas Böses außerhalb von uns betrachten könnten, als etwas, mit dem wir überhaupt nichts zu tun haben. Könnten sie aber nicht auch eigene unbewusste Teilpersönlichkeiten von uns selbst sein? Spiegeln sie nicht eigene Schattenseiten? Und haben wir vielleicht ebenso wie die Jüngste „geschlafen" und nicht bemerkt, wann und wie unser Partner durch unsere Art abgestoßen und verletzt wurde? So betrachtet haben wir, ebenso wie die Jüngste im Märchen, die Trennung mit verursacht.

Die Härte des Wegs

Die jüngste Tochter löst sich nun vom Vater und macht sich auf ihren eigenen Weg. „Der eigentliche Individuationsprozess – die unbewusste Auseinandersetzung mit dem größeren inneren Menschen – beginnt meistens mit einer Verwundung oder einem Leidenszustand, der eine Art Berufung darstellt, aber oft nicht als solche erkannt wird."[17] Sie muss durch das dreimal neunte Land ins dreimal zehnte Reich gehen, womit eine unendlich weite Entfernung ausgedrückt ist. Ferner muss sie drei Paar eiserne Schuhe durchlaufen und drei eiserne Wanderstäbe zerbrechen. (In anderen Fassungen müssen die Stäbe bis zum Knauf abgetragen werden.) Diese eisernen Schuhe gab es in Georgien tatsächlich. Sie waren wie die ledernen Kalamnebi geformt und wurden bei Wallfahrten getragen. „Wenn jemand in der Familie schwer krank wurde oder irgendwelche Schwierigkeiten hatte, versprach eines der Familienmitglieder Gott, dass er mit eisernen Schuhen bis zur Kirche gehen und ein Schaf opfern würde; und dann ging es auch wirklich mit den eisernen Kalamnebi und eisernem Stock in die Kirche. Nachdem er das Ritual ausgeführt hatte, ließ er die eisernen Schuhe an der Kultstätte zurück."[18] Das Volksmärchen verwendet nun das Bild dieser Kalamnebi, um eine unglaubliche Härte des Weges auszudrücken. Vielleicht zeigt es mit diese Metapher auch, dass man mit gewöhnlichen Schuhen nicht in jenseitige Welten gelangen kann. Drei steinharte Opferbrote müssen „aufgenagt" werden – auch dies ein Bild für die Entbehrungen eines eigentlich unmöglich erscheinenden Weges und für das Opfer, das dieser Weg von der Frau verlangt. Auffallend ist, dass hier schon das Motiv eines heiligen Brotes auftaucht, das später bei der Hostienbäckerin wiederholt wird.

Die Begegnung mit der guten Mutter

Der Weg führt die Braut zu einer alten Frau, die sie freundlich willkommen heißt und ihr „Schutz gibt vor der dunklen Nacht". Das Mädchen findet hier einen Ersatz für die die entbehrte eigene Mutter. Diese positive Muttergestalt nährt und schützt sie, sie rät ihr, gibt ihr Weghilfe und beschenkt sie mit einer Zaubergabe. ♥ Hier kann auch die Begegnung mit der *inneren Mutter* gemeint sein. Dass die Jüngste dieser inneren Mutter drei Mal auf ihrer Suchwanderung begegnet, macht uns nachdrücklich klar, wie wichtig und unerlässlich es ist, dass wir Frauen auf unserem Trennungsweg die Stimme unserer inneren Ratgaberin hören und Kontakt zu unserer eigenen inneren Mutter bekommen, die uns nähren und schützen kann. Diese drei weisen Alten können auch für die göttliche Mutter stehen, beispielsweise für die Gottesmutter Maria oder die tibetische Buddha Tara oder die indianische Mutter Erde.

➩ *Es wäre bereichernd, wenn Sie sich nun Zeit für eine etwas längere Imagination nehmen könnten. Legen Sie eine entspannende Lieblingsmusik ein und schließen Sie Ihre Augen.*
Schauen Sie mit Ihren inneren Augen, wie die Uralten dem Mädchen die goldenen Gaben schenken.
Versuchen Sie dann zu sehen, wie Sie selbst jetzt liebevoll von der inneren Mutter empfangen, beschützt und genährt werden. Zuletzt schenkt diese Ihnen eine kostbare Gabe. Können Sie diese erkennen? – Lassen Sie ich bei der Betrachtung viel Zeit. Bedanken Sie sich zuletzt bei der inneren Mutter und nehmen Abschied von ihr.

„Es ist wirklich wichtig, dass du auf dem Trennungsweg deiner inneren Mutter begegnest", sagt das Märchen. „Erst wenn du ihr begegnet bist, kannst du zu neuer Ganzheit kommen. Erst wenn du Kontakt mit deiner eigenen inneren Ratgeberin gefunden hast, kannst du deinen neuen Weg erkennen. Du solltest dich selbst wie eine gute Mutter nähren und schützen können. Ja, du solltest dir selbst eine gute Mutter sein.

Und ist früher viel Liebeskraft in die Beziehung zum Partner geflossen, liebe dich nun selbst und danach viele andere. Vertrau deiner eigenen Weisheit und jener der göttlichen Mutter. Und – du darfst auch so zärtlich mit dir selbst reden, wie es in meiner Geschichte geschieht: *Mein Täubchen, mein schönes Mädchen, meine Schöne!*"

Die goldenen Geschenke

Was sind das nun für Geschenke, welche die Jüngste bei den drei Alten bekommt? Mit Kunkel und Spindel kann man Flachs verspinnen, Ungeformtes in einen Faden verwandeln, der später verstrickt oder verwoben zu einem wärmenden Kleidungsstück wird. Kleidung aber ist in der Kälte zum Überleben notwendig. Spinnen war jahrhundertelang eine weibliche Fähigkeit und Fertigkeit, ebenso wie Nähen und Sticken. Wer mit Stickrahmen und Sticknadel kunstvolle Muster sticken konnte, brachte zum nur Nützlichen noch Schönheit ins Leben. Schüssel und Ei sind ebenfalls weibliche Symbole. ♥ Nun handelt es sich bei den Geschenken der drei Alten aber nicht nur um gewöhnliche Geräte. Die Geschenke dieser jenseitigen Helferinnen haben übernatürliche Eigenschaften. Sie sind silbern und golden, haben also Mond- und Sonne-Qualitäten. Die Spindel spinnt einen goldenen Faden, die goldenen Eier vermehren sich, die Nadel stickt von selbst im goldenen Stickrahmen, und zwar „Muster von wunderbarer Schönheit". Gold steht im Märchen wegen seiner Schönheit und Unzerstörbarkeit für heilige, göttliche und königliche Werte. Es ist hier eine Metapher für das Höchste überhaupt sowie für jenseitiges, wesenhaftes Licht. „Im Zeichen des Goldes pflegt Wesentliches zu erscheinen; in Gestalt der goldenen Geräte möchte daher der wandernden Frau das Wesen der entsprechenden Tätigkeiten erschlossen und zu Eigen werden. Die Gaben sollen im Sinne der Weltgötter verwendet werden. Die spinnende Frau verrichtet dann ihr Werk in der Rolle der spinnenden Göttin, die Weberin wirkt mit am Gewebe der Welt. Das Werkstück wird nicht um Gewinnes und Geldes willen erarbeitet; vielmehr wird jedes Werk in seiner innersten Eigentümlichkeit rituell verrichtet, in weihevoller Weise."[19] Nur die „wahre" Braut bekommt diese goldenen Dinge geschenkt, nur sie kann richtig mit ihnen umgehen.

Der Dienst bei der „falschen" Braut

Ehe Finist das Mädchen wiedererkennen kann, ist noch eine Zeit der Wiederannäherung und des Dienstes notwendig. Diesen Dienst möchte ich im vorletzten Kapitel ausführlich betrachten. Hier weise ich nur darauf hin, dass die Jüngste ihre Magdarbeit ausgezeichnet verrichtet. Die Tochter der Hostienbäckerin aber zeigt ihre niedere

Gesinnung, indem sie in den goldenen Zaubergaben nur einen Geldwert erkennen kann. Der irdische Reichtum ist ihr so wichtig, dass sie dafür ohne Bedenken die Beziehung zum eigenen Mann aufs Spiel setzt und eine Fremde in die eheliche Intimsphäre einlässt! Dabei scheut sie nicht vor dem Betrug mit dem Schlaftrunk zurück. Sie will beides „haben", den Mann und die Zauberdinge, die eine andere mit Schmerzen errungen hat. Auch ihre Mutter, die Hostienbäckerin, kann in dem entschwundenen Mann der Tochter offensichtlich nur einen Besitz sehen, den man mit Gewalt wieder einfangen muss. Wir verstehen, dass Finist, der lichte Falke, wesenhaft wirklich nicht zu diesen Frauen gehört. Die Frage bleibt, warum er überhaupt mit ihnen gelebt hat, warum er sich von ihnen einschläfern ließ. Jedenfalls kehrt er nun mit seiner Braut in ihre Heimat zurück.

Die Ablösung der Tochter vom Vater

In der Beziehung zwischen Tochter und Vater ist noch ein Rest zu bewältigen. Heimgekehrt macht sie ihm klar, dass sie jetzt eine erwachsene junge Frau ist. Auf die Frage, wo sie gewesen sei, antwortet sie nicht wie ein kleines Mädchen, das dem Papa alles genau erzählt. Sie fasst die Essenz ihrer Erlebnisse im Bild einer Pilgerfahrt zu einem heiligen Ort zusammen, zeigt ihm also, dass sie jetzt ihre eigenen religiösen Erlebnisse hat. Zweitens beteiligt sie sich nicht mehr an der herkömmlichen Form der familiären Religionsausübung. Sie fährt mit ihrem Mann in fürstlicher Gestalt zur Messe und nimmt dort den ihr zustehenden Platz in der ersten Reihe ein. Umgekehrt erkennt der Vater erst nach dem dritten Kirchgang die veränderte Vater-Tochter-Beziehung und klärt sie im Gespräch mit ihr. Nun ist die Ablösung vom Vater ganz vollzogen, nun kann sich die strahlende Schönheit dieser Liebe offenbaren und mit der Hochzeit auch ihre leibhafte Form finden. Sehr ins Irdische führt denn auch die scherzhafte Schlussfloskel, mit welcher der Erzähler des Märchens seine Zuhörer/innen wieder in die so genannte normale Realität zurückführt. ♥ Bei vielen Frauen wird nach der Trennung die Vaterbeziehung ganz neu ein Thema. In der Kindheit war möglicherweise der Vater Stärke und Leitbild, und später war der Ehemann vielleicht ein gewisser Schutzzaun für den Garten der Frau. Jetzt muss sic allein stehen können und allein auch ihren religiösen Weg suchen. So kann eine Trennung eine erneute Ablösung von patriarchalen Vorstellungen, Rollenbildern und Werten nach sich ziehen. Diese Ablösung ist schwierig, kann aber, versichert uns der Schluss des Märchens, sehr wohl bewältigt werden.

Bei den Motiven des Opferbrots und der Hostienbäckerin ist schon angeklungen, dass ein Trennungsweg auch religiöse Bereiche berühren kann. Dieser Gedanke wird im nachfolgenden Märchen klarer ausgeführt.

József Rippl-Rónai 1898

Das singende, springende Kleeblatt

Da war einmal ein König, der hatte drei Töchter. Er wollte einmal auf die Reise gehen und fragte sie, was er ihnen denn mitbringen sollte. Die Älteste wollte ein goldenes Spinnrad, die andere eine goldene Haspel, und die Jüngste wollte ein singendes, springendes Kleeblatt. Er reiste ab und kam in eine große Stadt, wo er ein goldenes Spinnrad und die goldene Haspel bekommen konnte. Aber das singende, springende Kleeblatt konnte er nirgends kriegen. Er war ganz traurig und wollte wieder nach Haus, da kam er durch einen großen Wald und traf dort einen weißen Wolf. Der hatte ein singendes, springendes Kleeblatt, das warf er immer hoch und das glänzte in der Sonne, und das machte so schöne Musik, dass es eine Lust und Freude war. Da fragte der König, ob er ihm das nicht verkaufen wollte. „Nein", sagt der Wolf, „verkaufen will ich das nicht. Aber wenn ich das haben kann, was dir zuerst entgegenkommt, wenn du in deinen Hof kommst, dann kannst du es mitnehmen." – „Ja", sagte der König, „das kannst du haben." Denn er dachte, sein kleiner Hund würde ihm wohl entgegenkommen, wie der das gewöhnlich tat.

Als er nun aber in seinen Hof fuhr, da kam ihm seine jüngste Tochter entgegengelaufen. Da wurde der König ganz traurig und wusste nicht, was er anfangen sollte. Und als er ihr das nun erzählte, sagte sie: „Das macht nichts, Vater. Lass mich einmal dorthin gehen." Den beiden anderen Schwestern tat sie so leid, dass sie ihr das goldene Spinnrad und die goldene Haspel mitgaben. Damit ging sie in den Wald zum weißen Wolf und wohnte bei ihm in der Höhle.

Nach einiger Zeit wollte ihre älteste Schwester Hochzeit feiern, und sie war auch eingeladen. Und als sie den Wolf fragte, ob sie dahin könnte, sagte er: „Ja, aber ich gehe mit und lege mich unter den Tisch. Und wenn ich dich auf den Fuß trete, musst du gleich mit mir kommen." „Ja", sagt sie, „das will ich gerne tun."

Als die Hochzeit in rechtem Gang war und sie noch beim Essen saßen, trat der Wolf sie auf den Fuß. Sogleich stand sie auf und sagte: „Ich muss nun nach Hause.“ Die Anderen aber wollten sie noch gar nicht recht gehen lassen. Sie schaute aber doch, dass sie mit ihrem Wolf hinauskam.

Als nun eine Zeit vergangen war, wollte ihre andere Schwester Hochzeit feiern, und sie war wieder eingeladen. Als sie ihren Wolf nun wieder fragte, ob er es zuließe, sagte er. „Ja, aber dass du gleich mit mir kommst, wenn ich dich auf den Fuß trete, das sage ich dir.“ Als die Hochzeit nun wieder in vollem Gange war, trat er sie auf den Fuß. Sie wollte denn auch aufstehen und mit ihm gehen, aber sie ließen sie gar nicht los, und sie musste mit Gewalt bei ihnen bleiben. Und als sie endlich hinauskam, war ihr Wolf verschwunden. Da wurde sie ganz traurig, nahm ihr Spinnrad, ihre Haspel und ihr singendes, springendes Kleeblatt und wollte ihren Wolf suchen.

Als sie nun eine Zeitlang gegangen war, kam sie zum Mond und fragte ihn, ob er ihren weißen Wolf gesehen hätte. „Nein“, sagte der Mond, „frag die Sonne!“ Als sie die Sonne fragte, sagte die auch nein. Danach kam sie noch zu den Sternen, aber die wussten auch nichts. Zuletzt kam sie zu einem gläsernen Berg, darin wohnten Zwerge, die halfen ihr über den Berg. Sie gaben ihr auch Bescheid, wo sie ihren Wolf finden könnte. Er wohne hinter dem gläsernen Berg, sei dort König und habe schon eine Frau.

So setzte sie sich mit ihrem goldenen Spinnrad vor das Schloss und begann zu spinnen. Als das der König sah, ließ er sie fragen, ob sie das Spinnrad verkaufen wolle. „Nein“, sagte sie, „aber wenn ich eine Nacht vor des Königs Bett sitzen darf, dann sollt Ihr das Spinnrad haben.“ Das durfte sie. Die Königin aber kam auch dazu und gab ihrem Mann Schlafpulver in seinen Wein, damit er nichts merken sollte. Als der König nun eingeschlafen war, wurde sie eingelassen. Sie setzte sich und fing an zu singen:

„Weiß Wölfchen mit den langen Ohren,
Ich hab dich gesucht zwischen Disteln und Doren,
Ich bin gekommen über einen gläsernen Berg.
Wach auf, mein Wölfchen, wach auf!

Aber er wachte nicht auf.

Am anderen Tag nahm sie ihre Haspel und fing an zu haspeln. Da ließ der König wieder fragen, ob sie die verkaufen wolle. „Nein", sagte sie. „Wenn ich die Nacht wieder vor des Königs Bett sitzen darf, dann sollt Ihr sie haben." Ja, das durfte sie. Die Königin aber gab ihrem Mann wieder einen Schlaftrunk, dass er nicht aufwachen konnte. Und als die Königstochter nun wieder an seinem Bett saß und sang, hörte er nichts davon.

Am dritten Tag nahm sie ihr singendes, springendes Kleeblatt und warf es in die Luft, das glänzte in der Sonne und machte eine Musik, die war sehr schön. Da lässt der König noch einmal fragen, ob sie das denn nicht verkaufen will. Nein, das will sie nicht. Sie will lieber noch eine Nacht vor des Königs Bett sitzen. Dann sollte sie das auch tun dürfen. Die Königin hatte den Schlaftrunk schon zurecht gemacht. Aber der König hatte den Betrug gemerkt und schüttete den Wein aus. Als sie nun an seinem Bett saß und zu singen anfing, da erkannte er sie und verstand alles.

Am anderen Tag war ein großes Fest an des Königs Hof. Und als sie so recht am Erzählen sind, sagt der König: „Ich hatte meinen Haustürschlüssel verloren. Da ließ ich mir einen neuen machen. Nachher habe ich den alten wiedergefunden. Was meint ihr nun, welchen soll ich behalten? „ Da sagten alle: „Den alten!" Da sprach er: „Ich hatte meine Frau verloren und nahm eine andere. Nun habe ich die erste wieder gefunden, und die will ich auch behalten."

(Märchen aus Holstein,
aus dem Plattdeutschen übertragen von Heidi Christa Heim)

Mystische Erfahrungen

Eine liebevolle Herkunftsfamilie

Dieses Märchen ist sehr knapp erzählt, vielleicht leuchten gerade deshalb das Wesentliche und der verborgene Sinn so deutlich auf. Außergewöhnlich ist in dieser Königsfamilie, dass die beiden älteren Schwestern der Jüngsten ihre kostbaren Geschenke mitgeben, als sie sich auf ihren Weg zum weißen Wolf aufmacht. So gehen die Liebe und das Mitgefühl der Herkunftsfamilie sichtbar mit und genau diese Geschenke werden ihr später eine Wiederbegegnung mit ihrem Liebsten ermöglichen.

Das tönende Licht der Pflanzen erfahren

Auch andere jüngste Töchter im Märchen wünschen sich etwas Pflanzliches: „eine kleine Matte von lebenden Blumen" oder „eine Rose bzw. eine Paradiesrose" oder „ein goldenes Nusszweiglein", ja sogar „ein klinkesklankes Lowesblatt" oder „ein singendes klingendes Bäumchen" oder „drei singende Blätter"[20]. Was sich unsere jüngste Königstochter wünscht, wird so beschrieben: *„Der weiße Wolf hatte ein singendes springendes Kleeblatt, das warf er immer hoch und das glänzte in der Sonne, und das machte eine so schöne Musik, dass es eine Lust und Freude war."* Ebenso wie die vorhergehenden Königstöchter wünscht sich die Jüngste wohl eine vertiefte Naturbegegnung, eine mystische Schau der Natur.

⇨ *Wieder sind Sie eingeladen, die äußeren Augen zu schließen und geduldig zu warten, bis dieses unglaubliche Bild vor Ihrem inneren Auge sichtbar wird. Bitte lauschen Sie auch, von der Mitte Ihres Herzens her, auf die wunderbare Musik des singenden, springenden Kleeblatts.*

Vielleicht haben Sie beim Schauen und Hören gespürt, dass in diesem Leuchten und Klingen etwas vom Schöpfungsgeheimnis aufleuchtet und klingt, etwas Numinoses, das an die himmlische Sphärenmusik erinnert.

Vielleicht hat Ihr inneres Bild auch an eine Erfahrung angeknüpft, die Sie in der Scheidungszeit gemacht haben: an die vertiefte Wahrnehmung der Natur. Im Glück der Naturerlebnisse kann geheimer Sinn aufleuchten und können neue Lebensgeister geweckt werden.

Der weiße Wolf

Das singende klingende Kleeblatt gehört nun keinem grauen, sondern einem *weißen* Tier. „Dass der Wolf weiß ist, bedarf keiner besonderen Erklärung; wir kennen die weißen Tiere als Erscheinungen des Wunderbaren, der Götter- und Schicksalsgesandten auch sonst.“[21] Dieses Tier ist aber auch Wolf. ♥ Er könnte symbolisch für eine in dieser Familie verdrängte aggressive Gefährlichkeit stehen, kann aber auch eine neue vitale Kraft darstellen. Die Königstochter lebt nun zunächst mit ihm in seiner Höhle, also auf einer tierischen Ebene.

Die misslungene Integration in den Alltag

Auf den ersten Blick sieht es wie ein Machogehabe aus, mit dem ein Mann blinden Gehorsam von der Frau fordert, wenn er die Königstochter versprechen lässt, bei seinem Druck auf den Fuß sofort aufzubrechen. ♥ Tatsächlich aber geht es wieder um einen zu frühen Zeitpunkt. Dieses noch nicht ganz „eingeleibte“ Wesen, sei es realer Mann oder Animus, *kann* es noch nicht lange in der menschlichen Sphäre aushalten. Ein irdisches Dasein im leiblichen Familienkreis ist noch nicht zu verwirklichen. Umgekehrt wird hier eine Schattenseite der Herkunftsfamilie sichtbar: *„Sie musste mit Gewalt bei ihnen bleiben.“* Die alte Bindungsfamilie will die Tochter nicht loslassen. Das ist verhängnisvoll und führt zur Trennung vom Partner.

Eine Weltenwanderung durch Himmel und Totenreich

Die Königstochter sucht den Verlorenen zuerst bei Sonne, Mond und Sternen, findet dort aber weder Rat noch Hilfe. Das ist außergewöhnlich, denn in anderen Märchen sind gerade diese kosmischen Mächte die besten Helfer. Sie aber hat eine andere Aufgabe: sie muss über den *Glasberg* kommen. Nun darf man sich den Glasberg, der in den verschiedenen Gattungen der Volkserzählung vorkommt, nicht als Berg aus durchsichtigem Glas vorstellen. Das Wort *glas* ist älter als das von Menschen hergestellte Material. *Glas* bedeutete früher „von innen heraus leuchtend, glänzend“. Zu seiner Wortfamilie gehören Wörter wie *glast, glanz, glatt, gleißen, glitzen, glosten, gluren*. Auch Bernstein wurde früher mit *glas* bezeichnet. Ferner kennt das germanische Altertum mehrere mythische Orte, die von *glas* abgeleitet sind:

– *Glaesivellir*, das „Glasgefilde“, ist das Totenreich.

– *Glasilund* ist der „Glaswald“ , der vor Wallhall, vor der Totenhalle oder dem Totenberg liegt.
– *glesia* oder *glesaria* ist die Bernsteininsel, die als Insel der Seelen gedacht wurde.

„Dreimal also in verschiedenem Zusammenhang bezeichnen germanische *glas*-Worte das Totenreich.“ [22] Der Glasberg ist also ein von innen heraus leuchtender, steiler, hoher, glatter Berg, der ein eigentlich unüberwindliches Hindernis zwischen dem Diesseits und dem Jenseits darstellt. Seine Übersteigung beinhaltet stets auch eine Begegnung mit dem Tod.

Wir können jetzt die Aufgabe der Königstochter besser verstehen. Sie, die so gerne in der lichten Welt der mystischen Erfahrungen verbleiben möchte, muss sich der Vergänglichkeit und dem Tod stellen. Hilfe findet sie bei den Naturgeistern der Erde, den Zwergen, die im Glasberg wohnen und ihr auch darüber helfen. ♥ Mehr als andere Abschiede hat eine Scheidung mit dem Tod zu tun. Vor, bei und nach einer Scheidung stirbt man viele kleine Tode. Seither liebevoll gepflegte Blumen der Liebe, der Treue und des gemeinsamen Lebens sind ausgerissen, abgebrochen und verdorrt. Geschiedene Frauen müssen sich mit dem Tod von so vielem auseinandersetzen, was ihnen wichtig war und was ihnen auch Sicherheit gegeben hatte. Auch in uns selbst muss manches Überlebte sterben. Hier rät uns dieses Märchen: „Geh zu den Naturgeistern der Erde und lass dir von ihnen über den „Glasberg der gestorbenen Beziehung“ helfen! Erde dich, spür deine Füße auf dieser Erde, verwurzle dich ganz neu in ihr. Lass dir von der Natur den Weg ins Neue zeigen!“

Goldene weibliche Geräte für den Mann

Ungewöhnlich zärtlich, ja intim, ist der nächtliche Ruf der Frau. Und ungewöhnlich ist es auch, dass der König sich ihre goldenen Geräte wünscht; ich kenne das nur noch von zwei weiteren norddeutschen Parallelmärchen. Ganz bemerkenswert ist auch, dass er sich sein eigenes goldenes Kleeblatt zurückkauft und ferner, dass er selbst den Betrug mit dem Schlaftrunk merkt und diesen weggießt. ♥ Wie schön, dass hier ein Mann merkt, dass ihm Erotik, mystische Naturerfahrungen, die innere Musik, ja seine Frau bzw. Anima verlorengegangen sind. Mich freut auch, wie klar er sich diese wieder zurückholt und der Gesellschaft gegenüber verteidigt. Nun kann wirklich eine Heilige Hochzeit gefeiert werden, bei der Weibliches und Männliches sich neu vereinigen, entweder in Gestalt zweier Menschen oder in der innerpsychischen Integration zuvor getrennter Wesenteile. In beiden Fällen ist die Freude groß!

Häutung und Heilung

Ist die erste Zeit der Trennung überstanden, zeigt sich häufig, dass nun ein neuer intensiver innerer Prozess beginnt: alte „Häute" bzw. alte Rollen und Einstellungen wollen abgestreift und viele seither unbekannte Schattenseiten integriert werden.

Mit Bestürzung entdecken wir, dass eigenes Verhalten, das seinerzeit für den Partner schon schwierig war, mit der Trennung keineswegs von selbst verschwunden ist, sondern nun auch in unseren Beziehungen zu anderen Menschen auftaucht. Noch schlimmer: Es zeigt sich, dass wir plötzlich manches selbst leben, was wir an unserem Partner früher heftig kritisiert hatten. Sollten wir damals eigene Schattenanteile an den Partner „delegiert" haben? – Dazu geht uns auf, dass viele Schwierigkeiten gar nicht aus der Zeit der Ehe stammen und dass viele unserer Wunden viel tiefer und viel älter sind, als wir gedacht hatten. In dieser Zeit wollen viele ungeweinte Tränen geweint, will viel Unbetrauertes betrauert werden. Wahrscheinlich wird auch wieder Zorn aufflackern. Dabei zürnen wir uns auch selbst, dass wir viel Ungutes so lange mitgemacht haben. Vergebung wird in dieser Phase noch einmal ganz neu ein Thema sein. Die Menschen im Märchen sind übrigens erstaunlich wenig nachtragend! – Ferner wollen jetzt alte, starre Programmierungen endlich aufgebrochen werden zugunsten einer neuen Lebendigkeit. Wahrscheinlich müssen wir uns noch einmal ganz neu mit unserem *Vater* und seiner Prägung auseinandersetzen, in unserem Inneren und vielleicht auch im Außen. – Und zuletzt, da jedes neue Licht auch neue Schatten wirft, sind mit den Lichtseiten unseres neuen Single-Daseins auch neue Schattenseiten entstanden, die wir nicht übersehen dürfen. In dieser Phase sind wir unausweichlich aufgefordert, den eigenen Schatten wahrzunehmen und anzunehmen, Verantwortung für ihn zu übernehmen, ihn zu akzeptieren und wenn möglich zu integrieren. Eine für Trauer- und Krisenzeiten mit ihrem labilen Selbstwertgefühl nicht gerade einfache Aufgabe!

In dieser Zeit haben wir meist auch unser altes Selbstbild verloren. Das geschönte Bild unseres seitherigen Ich-Ideals stimmt nicht mehr und ebensowenig unser seitheriges Rollenbild. Wir fragen uns: „Wer bin ich, wenn diese oder jene Rolle und Aufgabe wegfällt? Wer und wie bin ich wirklich? Welchen Sinn hat jetzt mein Leben? Wie und wo geht es jetzt mit mir weiter?“ Es ist, als ob in dieser Umbruchszeit eine alte Haut nach der anderen abgestreift werden will – ein sehr schmerzhafter Prozess, der Unsicherheit, Angst und Traurigkeit mit sich bringt.

Wie uns das Märchen zeigt, ist dies aber eine Aufgabe, die vor uns schon viele Frauen gemeistert haben. „Wenn der Umgang mit dem Schatten wirklich ein kollektives Problem ist, dann muss sich in den Mythen und Märchen der Umgang vieler Menschen mit dem Schatten niedergeschlagen haben. Und damit könnten sie Modelle sein, die wir auf den heutigen Umgang mit Schatten zumindest teilweise übertragen können.“[23] In der Tat können die Bilder, Symbole und Handlungsfäden der Volksmärchen uns in dieser Umbruchphase entscheidend helfen. An drei Volksmärchen soll das exemplarisch aufgezeigt werden.

Arthur J. Gaskin 1905

Jungfer Maleen

Es waren einmal zwei Könige, der eine hatte einen Sohn, der andere hatte eine Tochter, die hieß Jungfer Maleen. Die beiden jungen Leute hatten einander so recht von Herzen lieb und hätten sich herzlich gern auch geheiratet, aber Jungfer Maleens Vater wollte es nicht zugeben. Jungfer Maleen aber wollte nicht von dem Königssohn lassen, den sie so lieb hatte, und hörte nicht auf den Befehl ihres Vaters, so dass dieser darüber endlich so böse ward und sie verurteilte, sieben Jahre lang eingemauert in einem hohen Turm zu sitzen. So geschah es denn auch. Jungfer Maleen ward mit einer Kammerfrau in den Turm geführt, und auf sieben Jahre ward ihnen Speise und Trank mitgegeben; dann wurden die Eingänge des Turms ohne Erbarmen zugemauert.

Da saßen sie nun in dem finstern Gefängnis, keine Sonne und kein Mond schien herein, kein Laut von außen konnte zu ihnen dringen. Tag für Tag und Jahr für Jahr ging ihnen unter Jammern und Klagen in ewiger Dunkelheit und Einsamkeit vorüber, ohne dass sie wussten, wie weit es an der Zeit sei.

Endlich aber merkten sie, als ihr Speisevorrat aufgezehrt war, dass die sieben Jahre um sein müssten. Aber niemand kam, der sie aus dem Gefängnis befreite, und keine Hand ward angelegt, den Turm zu zerbrechen. Da trieb sie die Not, sich selber zu helfen und zu versuchen, ein Loch durch die dicken Mauern zu bohren. Drei Tage lang bohrten sie unablässig, da drang der erste Lichtstrahl in ihre Finsternis. Eifrig setzten sie ihre Arbeit fort, bis sie ins Freie schauen konnten. Da sah die Jungfer Maleen nun ihres Vaters Reich wieder, aber sein Schloss war zerstört, die Städte und Dörfer waren verbrannt, die Felder weit und breit verheert, und alles war ganz wüste und öde; keine Menschenseele ließ sich blicken. So mussten sie sich denn selber helfen. Sie vergrößerten allmählich das Loch, bis sie hindurchkriechen konnten, dann schlüpfte die Kammerfrau zuerst hi-

naus und Jungfer Maleen folgte ihr, es gelang ihnen, sich auf den Boden hinabzulassen. Aber da fanden sie alles ganz menschenleer, denn die Feinde, die das Reich überfallen, hatten die Einwohner erschlagen und den König verjagt. Die Mädchen irrten umher und suchten ihn, aber wo sollten sie ihn finden, da niemand ihnen sagen konnte, wo er geblieben sei? So wanderten sie durch des Königs Reich; Herberge und Speise waren nirgends zu finden. Nachts mussten sie auf dem Feld bleiben und am Tag mussten sie ihren Hunger an einem Brennnesselbusch stillen. So groß war ihre Not. Endlich kamen sie in ein fremdes Land; da erboten sie sich zu jedem Dienste, aber niemand wollte sich ihrer erbarmen, und alle Leute wiesen sie fort, bis sie an den Hof des Reiches kamen. Da wollte man sie freilich im ersten Augenblick auch nicht behalten, nachher aber besannen sie sich, dass sie die beiden Mädchen als Aschenpüster wohl in der Küche brauchen könnten.

Nun war aber gerade der Königssohn, dem das Reich gehörte, eben derselbe, der früher um Jungfer Maleen gefreit und sich mit ihr verlobt hatte. Es war schon einen andere Prinzessin an dem Hofe, die er heiraten sollte, sie war aber garstig und so hässlich, dass sie sich scheute, sich vor den Leuten sehen zu lassen. Jungfer Maleen aber war so schön wie der Tag. Als nun die Hochzeit sein sollte und die Prinzessin mit dem Bräutigam zur Kirche gehen sollte, da schämte sie sich, weil sie so hässlich war, und rief Jungfrau Maleen herein und sprach: „Willst du nicht meine Kleider anziehen und für mich zur Kirche gehen?" Jungfer Maleen wollte das nicht und sagte nein, aber die Prinzessin sprach: „Dann soll es dich dein Leben kosten." Da musste sie nachgeben, legte die prächtigen Kleider der Prinzessin an, hängte ihren Schmuck um, und alle Leute erstaunten, als sie in den Saal trat, über ihre Schönheit, und der Königssohn ging stolz an ihrer Seite. Denn alle meinten, es sei die alte Prinzessin, und wussten nicht, dass es Jungfrau Maleen war.

Als sie nun auf dem Weg zur Kirche waren, stand da ein Brennnesselbusch. Da sprach Jungfrau Maleen zu ihm:

Brennettelbusch,
Brennettelbusch so klene,

Wat steist du hier allene?
Ik hef de Tyt geweten,
Da hef ik dy
Ungesaden,
Ungebraden eten.

Da sprach der Königssohn: „Was sprichst du da?“ Sie aber sagte: „Nichts, ich dachte nur an die Jungfer Maleen.“ Der Königssohn wunderte sich, dass sie von Jungfer Maleen wüsste, aber er sagte nichts. Als sie nun an den Steg vor dem Kirchhof kamen, da sprach die Jungfrau Maleen zu ihm:

Karkstegels, brik nich,
Bün de rechte Brut nich.

„Was sprichst du da“ fragte wieder der Königssohn. Sie aber sagte: „Nichts, ich
dachte nur an die Jungfer Maleen.“ Da sprach er: „Kennst du denn Jungfer Maleen? Die sitzt ja im Turm gefangen.“ „Nein“, antwortete sie, „ich kenne sie nicht, ich habe nur von ihr gehört.“ So waren sie an die Kirchentür gekommen. Da sprach Jungfer Maleen zu der Kirchentür:

Karkendär, brik nich,
Bün de rechte Brut nich.

Da fragte der Bräutigam zum dritten Male: „Was redest du denn da für dich?“, und sie antwortet wieder: „Ich habe nur an Jungfrau Maleen gedacht.“ Da zog der Königssohn ein köstliches Geschmeide hervor, schlang es um ihren Hals und befestigte es. Dann traten sie in die Kirche und ließen sich trauen. Als sie nun wieder nach Hause kamen, da musste die arme Jungfer Maleen all ihre schönen Kleider wieder ausziehen und sie alle der Prinzessin wieder geben, aber das Geschmeide, das ihr der Königssohn um den Hals gelegt hatte, das behielt sie doch für sich.

Als nun der Königssohn abends mit der Prinzessin zu Bette ging und mit ihr allein in der Kammer war, da fragte er sie: „Was sagtest du doch auf dem Kirchwege zu dem Brennnesselbusch?“ Da antwortete sie: „Zu welchem Brennnesselbusch? Ich habe zu keinem Brennnesselbusch gesprochen.“ „Freilich hast du zu ihm gesprochen,“ sagte der Königssohn, „und ich will wissen, was du zu ihm gesagt hast." Da kam die Prinzessin etwas in Not, aber sie half sich und sagte:

Mut herut na myne Maegt,
De my myn Gedanken draegt.

Sie eilte hinaus und fuhr Jungfer Maleen an: „Dirne, was hast du zu dem Brennesselbusch gesagt?" Jungfer Maleen antwortete: „Ich sagte weiter nichts, als:

Brennettelbusch
Brennettelbusch so klene,
Wat steist du hier allene?
Ik hef de Tyt geweten,
Da hef ik dy
Ungesaden
Ungebraden eten."

Da lief die Prinzessin wieder in die Kammer und sagte es ihrem Mann. Aber dem kam es so wunderlich vor, dass sie hinausgelaufen war, und er fragte weiter: „Und was sagtest du zu dem Kirchensteg?" Die Prinzessin antwortete: „Ich hätte zum Kirchensteg gesprochen?" „Ja freilich," sagte der Prinz, „hast du zum Kirchensteg gesprochen." Da kam die Prinzessin noch mehr in Not und sagte wieder:

Mut herut na myne Maegt,
De my myn Gedanken draegt.

Sie eilte hinaus und fragte Jungfer Maleen: „Dirne, was hast du zu dem Kirchensteg gesagt?" Jungfer Maleen antwortete: „Ich habe nichts weiter gesagt als:

Karkstegels, brik nich
Bün de rechte Brut nich."

„Das soll dich noch das Leben kosten!" rief da die Prinzessin, aber sie musste schnell wieder in die Kammer und dem Köngssohn sagen, was sie zu dem Kirchensteg gesprochen haben wollte. Dann fragte er sie wieder: „Und was sagtest du zur Kirchentür?" Die Prinzessin wollte es wieder leugnen, aber der Prinz bestand darauf, und so musste sie wieder hinaus und Jungfer Maleen fragen. Jungfer Maleen aber antwortete wieder: „Ich sagte weiter nichts als:

Karkendär brik nich,

Bün de rechte Brut nich.

Da ward die Prinzessin noch viel zorniger und schwor, dass es ihr gewisslich ans Leben gehen sollte. Als sie es aber zu dem Prinzen in der Kammer gesagt hatte, da sprach er: „Wenn du das gesagt hast, so lass mich auch einmal das Geschmeide sehen, das ich dir an der Kirchentür gegeben habe." „Was für ein Geschmeide?" fragte die Prinzessin, und sie war in großer Angst, „du hast mir kein Geschmeide gegeben." „Dann bist du auch die rechte Braut nicht, mit der ich getraut ward; die sollst du mir sogleich zur Stelle schaffen." Da musste sie eingestehen, dass ihr Aschenpüster statt ihrer mit ihm zur Kirche gegangen sei, die habe ihre Kleider angehabt und sei mit ihm getraut worden, weil sie, die Prinzessin so hässlich sei, dass sie sich vor den Leuten schämen müsse. Der Königssohn befahl ihr nun sogleich, ihm das schöne Mädchen hereinzuholen.

Da ging sie hinaus, als wollte sie die Jungfer Maleen rufen; aber sie befahl den Dienern, Jungfer Maleen sogleich umzubringen. Und die griffen sie und schleppten sie schon fort und wollten ihr den Kopf abhauen, da trat eben noch zur rechten Zeit der Königssohn aus der Kammer und erkannte das Geschmeide an ihrem Halse und dass sie seine rechtmäßig angetraute Frau wäre. Und als er sie nun einmal recht ansah, da gingen ihm erst die Augen auf und er sah, dass sie auch keine andere sei als seine ehemalige Braut, die er ganz vergessen hatte, dass sie Jungfrau Maleen selber sei, von der sie immer auf dem Kirchenweg gesprochen hatten. Nun befahl er den Dienern, sie in sein Zimmer zu führen; der alten Prinzessin aber ließ er auf der Stelle den Kopf abschlagen.

(Plattdeutsches Märchen)

Übersetzung einiger schwerverständlicher Wörter:
Brennettelbusch = Brennesselbusch, klene = klein, steist = stehst, allene = allein, Tyt = Zeit, geweten = gekannt, ungesaden = ungesotten, Karkstegels = Kirchensteg, Brut = Braut, Karkendär = Kirchentür, Mut herut = muss hinaus, myne Maegd = meine Magd, draegt = trägt.
***Y** wird immer wie **i** gesprochen!*

Vom Umgang mit dem Schatten

Zum literarischen Umfeld des Märchens

Karl Müllenhoff hat 1845 diese Geschichte erstmals veröffentlicht in der Sammlung *Sagen, Märchen und Lieder der Herzogthümer Schleswig, Holstein und Lauenburg* und damit die älteste Niederschrift eines Märchens vom Typ *Die Prinzessin in der Erdhöhle* gegeben.

Wilhelm Grimm hat das Märchen von Müllenhoff übernommen, diesem ein festlicheres Kleid angezogen, in seiner unnachahmlichen Art ein kleines sprachliches Kunstwerk daraus gemacht und es 1850 in der 6. Ausgabe der Kinder- und Hausmärchen veröffentlicht, wobei er noch den Kinderreim von der Prinzessin im Turm hinzufügte. Ich möchte hier dennoch die schlichtere Urfassung vorziehen, weil sie weniger erklärt und in subtilen Einzelheiten erhellender ist. Vielleicht reizt es Leserinnen mit literarischem Interesse auch, diesen Text mit dem von Grimm zu vergleichen?

Es gibt in Norddeutschland vier, in Skandinavien fast 50 ähnliche Geschichten. Das Märchen fand also in in besonderem Maß eine Heimat in Ländern mit weiter Meereslandschaft, die zur Enge des Turms im deutlichem Kontrast steht. Es wird für unser Verständnis erhellend sein, immer wieder bei den Varianten nachzuschauen, wie die Motive dort ausgeformt sind.

Das Märchen von der Jungfer Maleen wurde sicher auch geliebt wegen seiner poetischen Sprache, die sich besonders in den niederdeutschen Reimsprüchen verdichtet. Letztere erstaunen in einem ansonsten schriftdeutsch erzählten Text, entfalten aber gerade in dieser Form eine magische Wirkung, welche die Handlung vorantreibt. Auch die Brüder Grimm haben wohlweislich deshalb in ihren *Kinder- und Hausmärchen* die niederdeutschen Verse stehen lassen. Ähnliche Reimsprüche sind übrigens auch in anderen Varianten enthalten. – Die weite Verbreitung des Märchens zeigt aber auch, dass hier mit dem heftigen Vater-Tochter-Konflikt offensichtlich ein wichtiges Problem angesprochen wird: Wie kann eine Frau aus dem Schatten des Vaters treten und sich von ihm ablösen? Und wie kann sie mit ihrer „Schattenschwester" umgehen? Und gibt es hierfür erprobte Menschheitserfahrungen?

Der Spiegel der Märchen

Das Volksmärchen beschreibt Welt und Leben, so wie sie sind. Es spiegelt uns Menschen mit unseren strahlenden Lichtseiten, aber auch mit unseren dunklen Schattenseiten. Mit seiner Eindimensionalität verteilt es diese beiden Seiten nun auf zwei oder mehr verschiedene Personen, hier etwa auf die schöne Jungfer Maleen, die hilfreiche Dienerin und den Prinzen auf der einen Seite und auf deren Gegenspieler - zorniger Königsvater und hässliche „falsche" Braut – auf der anderen Seite. Dennoch sind *alle* handelnden Figuren mögliche Lebensmöglichkeiten von uns selbst, denn bei genauer Betrachtung haben wir auch Anteile der Schattenfiguren.

Der Symbolgehalt eines Märchens ist unausschöpflich, und den meisten Gewinn haben Sie durch die Betrachtung seiner Bilder. Wenn ich dennoch im Folgenden aufzeige, was mir in diesem Märchen aufgeleuchtet ist, möchte ich Ihnen nur einige Hilfen zum Verständnis geben Vor allem aber möchte ich Sie anregen, sich selbst auf die „Jungfer Maleen" einzulassen. Sie werden neue und andere Schätze darin entdecken.

Der erste Spiegel: Der Turm des Königs

Am Beginn des Märchens steht die große Liebe zweier Königskinder. „Die beiden jungen Leute hatten einander so recht von Herzen lieb und hätten sich herzlich gern geheiratet, aber Jungfer Maleens Vater wollte es nicht zugeben." Schon hier klingen Grundkonflikte des Märchens an: Macht kontra Liebe, Einengung kontra Autonomiestreben, und der lange Entwicklungsweg einer Frau aus Zwängen in die Freiheit und zur Liebe. Nun werden westeuropäische Frauen selten noch zu einer Heirat gezwungen. Sehr wohl aber kennen auch sie den Zustand im dunklen „Turm" patriarchaler Macht jeder Art.

Die Königstochter will von ihrem Geliebten nicht lassen, in anderen Märchen will sie nicht den vom Vater bestimmten anderen Bräutigam nehmen. Sie wird deshalb für lange Jahre in einem Gefängnis eingeschlossen. Nicht übersehen werden sollte aber, dass der Königsvater auch eine positive Seite hat: Er gibt der Tochter Speisen und Getränke mit, Lebens-Mittel, die ihr Überleben für die nächsten sieben Jahre sichern. Dennoch verdammt er sie zu einem Leben in völliger Dunkelheit und in aussichtsloser Traurigkeit, ganz gleich, ob er sie in einen fensterloser Turm, einen Keller, ein Verlies oder in eine Erdhöhle sperrt. In fast allen Varianten wird ausdrücklich erwähnt, dass die Königstochter und ihre Dienerinnen nicht wissen, ob gerade die Sonne oder der Mond scheint: Eine zeitliche Desorientierung und vielleicht auch eine zwischen den Sonnenkräften des Verstandes und den Mondkräften des Gefühls. Ferner wird immer erwähnt, dass kein Laut von außen hereindringen kann. Es wird also nicht nur der Kontakt zu dem Prinzen verhindert, sondern überhaupt der zu allen anderen Menschen, die mitgegebene Kammerfrau ausgenommen. Dieses Leben im Turm könnte auch eine Zeit schwerer Depression meinen.

⇨ *An dieser Stelle sind Sie eingeladen, sich in Ruhe auf ein inneres Bild einzulassen:*
Bitte setzen Sie sich neben die Königstochter in den dunklen Turm.
Wie fühlt sich das für Sie an?
Wann haben Sie das schon erlebt?
Und sitzen Sie auch jetzt noch irgendwo im väterlichen „Turm“?

Mögliche Beispiele für einen väterlichen „Turm“:

- Verinnerlichte überzogene väterliche Leistungsanforderungen machen die Tochter krank und hindern sie auch später noch, flexibel auf das Leben zu antworten, es zu genießen und überhaupt zur Ruhe zu kommen.
- Die Tochter hat in ihrer Kindheit unter dem Jähzorn und dem Machtmissbrauch des Vaters gelitten. Bestürzt bemerkt sie, dass sie in ihren eigenen Beziehungen ebenfalls hart und unversöhnlich reagiert.
- Der noch lebende Vater hat die Tochter in der Kindheit immer wieder diffamiert und in ihrer Weiblichkeit niedergemacht. Vielleicht setzt er das sogar noch in ihrer Ehe oder nach ihrer Scheidung fort. Auch noch als erwachsene Frau hat die Tochter Schwierigkeiten, sich selbst schön und begehrenswert zu finden.
- Der Vater war Alkoholiker, die Tochter heiratete einen Mann, der ebenfalls Drogenprobleme hat. Auch nach der äußeren Trennung von ihm fühlt sie sich noch irgendwie für ihn verantwortlich und kommt innerlich nicht von ihm los.
- Der Vater hatte nie Zeit und wenig Liebe für die kleine Tochter. Obwohl sie sich gerade von einem ebenfalls nie greifbaren und bindungsunfähigen Mann getrennt hat, ist sie schon wieder in Gefahr, sich auf eine neue einseitige Liebesbeziehung einzulassen.

Der zweite Spiegel: Die hilfreichen Dienerinnen

In einigen Märchen harren Königstochter und Diener/innen sieben Jahre geduldig in ihrem Gefängnis aus, bis die Vorräte verbraucht sind. Dann erst begreifen sie, dass niemand sie von außen her befreien wird. „Aber niemand kam, der sie aus dem Gefängnis befreite, und keine Hand ward angelegt, den Turm zu zerbrechen. Da trieb sie die Not, sich selbst zu helfen." Sie fangen an, „ein Loch durch die dicken Mauern zu bohren" oder „die Erddecke von innen her aufzugraben" oder „sich nach draußen durchzugraben" oder „die Mauer zu durchbrechen". Wilhelm Grimm gibt ihnen dazu ein Brotmesser in die Hand; in allen anderen Fassungen aber graben sie mit den bloßen Händen. In vielen Varianten stirbt bei dieser schweren Arbeit jedes Jahr eine Magd, bis zuletzt allein die Königstochter übrig bleibt: „Sie grub und weinte, weinte und grub, grub so lange, bis ihr das Blut aus den Fingern rann und sich jeder einzelne ihrer Nägel zu lösen begann. Nach langer Zeit erspähte sie ein Fünkchen Tageslicht…" Im norwegischen Märchen „Finnkönigs Tochter" fangen die Mädchen sogleich zu graben an. Dennoch dauert es auch hier neun Jahre, bis die allein zurückgebliebene Prinzessin aus dem Erdhügel herauskommen kann. ♥ Mit diesen eindringlichen Bildern zeigt uns das Märchen, dass es wirklich lange Jahre geduldiger, harter, eigener Seelenarbeit bedarf, ehe wir aus dem Schatten des Vaters treten, ehe wir wirklich aus unseren inneren Gefängnissen ans Licht kommen und freier und autonomer werden können.

Kammerjungfern oder Mägde oder Dienerinnen helfen der Königstochter bei der Arbeit. Ihre Treue geht in einer Variante so weit, dass sie sich der Reihe nach selbst als Opferspeise anbieten, damit die Königstochter ihren bitteren Hunger stillen kann. ♥ Hier geht es nicht um Kannibalismus. Vielmehr können wir diese Dienerinnen als Teilpersönlichkeiten der Prinzessin verstehen, die integriert, einverleibt und verwandelt werden müssen, wenn diese überleben und freiwerden will. Das Märchen stärkt hier in doppelter Weise unsere Zuversicht: Erstens ist es überzeugt, dass es auch in unserem Leben Menschen gibt, die uns hilfsbereit zur Seite stehen. Zweitens können wir darauf vertrauen, dass *in uns selbst* hilfreiche Kräfte zu finden sind, die uns nähren und uns helfen, autonomer zu werden. „Märchen sind getragen von der Hoffnung auf Veränderung, auf die Wandelbarkeit des Leben, getragen aber auch von dem Bewusstsein, dass genügend Kräfte vorhanden sind, um die Situation jeweils zum Besseren zu wenden, man muss diese Kräfte nur suchen und finden."[24]

Das Märchen von der Jungfer Maleen kann uns aber auch fragen: Hilfst du selbst anderen Frauen auf deren innerem Entwicklungsweg?

Der dritte Spiegel: Das zerstörte Land des Vaters

Als die Prinzessin aus dem Turm kommt, ist das Land des Vaters vom Krieg verwüstet. Er selbst ist erschlagen oder verjagt, jedenfalls taucht er in der Geschichte nie mehr auf. Der reale Vater ist nun verschwunden, sein Machtschatten aber taucht später wieder auf. Die Königstochter ist nun gänzlich heimatlos und ohne Beistand. Sie erlebt erneut erbarmungslose Härte und stillt ihren Hunger an Brennnesseln, in Varianten an Mäusen. Zuletzt findet sie nach langem vergeblichen Suchen einen Dienst als Spülmädchen oder als Hühnermagd oder als Aschenpüster. Sie muss also niedrigste Arbeiten tun. Dennoch zeigt es sich, dass sie in den sieben Jahren im Turm eine Zeit der Reifung und Läuterung durchlebt und dass sie dabei ihre königliche Gesinnung dennoch bewahrt hat. Und nun fügt es sich, dass sie genau zu dem Schloss kommt, in welchem ihr Liebster wohnt. Es ist ein Zufall im besten Sinne, und er führt zu einer Wendung ihres Schicksals.

Der vierte Spiegel: Die falsche Braut

Als Jungfer Maleen ankommt, ist schon eine Braut da. In manchen Märchen ist es eine, die Maleen ähnlich sieht und der man deshalb die Königstochter geglaubt hat. Sie scheitert aber an der Aufgabe, ein von dieser angefangenes Gewebe fertig zu stellen, und vor allem traut sie sich nicht, auf dem wilden Pferd der rechten Königstochter zur Kirche zu reiten. Oder es heißt von dieser Braut: „Sie war so garstig und hässlich, dass sie sich scheute, sich vor den Leuten sehen zu lassen." Eine andere Variante betont ihre Unwürdigkeit, indem sie erzählt, dass sie verheimlicht hat, dass sie von einem anderen Mann schwanger ist. Passgenau am Hochzeitstag kommt dann das Kind zur Welt! In allen Fällen verbirgt sie ihre Hässlichkeit und ihr ungutes Wesen vor dem Prinzen und den anderen Leuten. ♥ Es liegt auf der Hand, diese Braut – unser Märchen spricht von der *alten* Braut, Grimm nennt sie die *fal-*

sche Braut – als Schattenseite der Heldin zu betrachten. Sie ist wahrlich ihre „Schattenschwester“ (ein Ausdruck von Verena Kast). (Sie können weitere Schattenschwestern in folgenden Märchen dieses Buches entdecken: *Prinz Schwan, Sorge und Leid, Finist, der lichte Falke, Östlich von der Sonne und westlich vom Mond.*)

Nun ist sehr spannend, wie Königstochter und Schattenschwester hier miteinander umgehen. Es zeigt sich zunächst, dass nicht nur der Königsvater gewalttätig war, sondern dass diese Eigenschaft sich auch bei der Prinzessin wiederfindet. Sie ist dort allerdings in den Schatten verdrängt und wird im Märchen als die gesonderte Person der hässlichen Braut gezeigt. Es ist von ihrer inneren Verbindung zur wahren Braut her nur stimmig, dass sie von allen Mägden im Schloss ausgerechnet die schöne Jungfer Maleen bittet, an ihrer Stelle zur Kirche zu reiten. Als diese nicht in die Täuschung einwilligen will, zwingt sie ihr unter Todesdrohung ihren Willen auf. Womit sie aber nicht gerechnet hat, ist, dass die Königstochter auf eine verschlüsselte Art nun den Prinzen wieder auf sich aufmerksam macht. „Ich dachte nur an Jungfer Maleen“, antwortet sie ihm dreimal.

In den Reimsprüchen der Parallelmärchen beruft sich die Königstochter auf ihren königlichen Vater:

Brücke, brich nicht unter der Braut,
mein Vater, der König, hat dich gebaut.

Oder:

Brücke, Brücke, bleib stille lieg'n,
zwei Königskinder nun über dich zieh'n!

Damit heben die Königtöchter im norwegischen und schwedischen Märchen ihre königliche Herkunft hervor, die wir als ihre bewusste helle Seite verstehen können. Mit diesen Versen grenzen sie gleichzeitig aber die Schattenschwester aus.

Anders die Jungfer Maleen:

Karkstegels, brik nich,
Bün de rechte Brut nich.

Was meint sie damit? Maleen zeigt erstens, dass sie den Betrug der alten Braut innerlich nicht mitmacht. Sie bleibt in der Wahrheit, sie ist die „wahre“ Braut. Sie identifiziert sich nie völlig mit der „alten“ Braut, gesteht ihr aber gleichzeitig eine gewisse Existenzberechtigung zu. Sie akzeptiert ihre Schattenschwester – und erweist sich selbst als die wahre Braut durch den poetischen Vers vom Brennettelbusch. Dieser weist auf ihre durchstandene Leidenszeit hin, die sie aus Liebe zu dem Prinzen auf sich genommen hat. Diese Liebe ist ihre zweite, ureigenste Legitimation, und dagegen kann die neue Braut nichts setzen. Diese ist wirklich „falsch“ in der doppelten Wortbedeutung, denn sie handelt aus Macht und nicht aus Liebe. Und sie ist „falsch“ auch dem Prinzen gegenüber, denn sie betrügt und belügt ihn.

Der fünfte Spiegel: Der Prinz

Die Klärung der verwickelten Situation geschieht nun durch eine Weiterentwicklung der männlichen Seite in Gestalt des Prinzen. Er hört Maleen zu, fragt nach und schenkt ihr „ein köstliches Geschmeide“, das er ihr um den Hals legt und selbst befestigt. In den Varianten ist es eine Kette mit Schloss, deren Schlüssel er selbst behält. Oder er gibt der Königstochter seine Handschuhe, und sie muss versprechen, sie nur ihm selbst wiederzugeben. Dieses Liebespfand betrachtet die Königstochter zu Recht als ihr Eigen, sie behält es für sich.

Stück für Stück kommt nun der Betrug ans Tageslicht. Der Prinz möchte zur Sicherheit die auf dem Kirchweg gesprochenen Verse noch einmal hören. Die falsche Braut denkt sich eine neue Lüge aus. Obwohl Jungfer Maleen immer neu beschimpft und bedroht wird, verrät sie dennoch geduldig die unterwegs gesprochenen Verse. Beim fehlenden Liebespfand des Prinzen aber wird der Betrug offenbar. Wilhelm Grimm hat das in seiner Fassung von der Symbolik her wunderbar gestaltet: *„Wenn du das Geschmeide nicht hast, so bist du die rechte Braut nicht. Er zog ihr den Schleier vom Gesicht, und als er ihre grundlose Hässlichkeit erblickte, sprang er erschrocken zurück und sprach: Wie kommst du hierher? Wer bist du?“*

Der Prinz befiehlt ihr, dass sie die rechte Braut holen soll. Die Schattenschwester versucht nun noch ein letztes Mal, die Lichtgestalt der Braut, ihre königliche Schwester, zu töten. *„Der Königssohn aber trat eben noch zur rechten Zeit aus der Kammer“* und verhindert die Tötung. Mir gefällt der Prinz unserer Müllenhoff'schen Fassung besser, weil er intuitiv im rechten Augenblick handelt und Jungfer Maleen auch von selbst wieder erkennt. Der Grimm'sche Prinz dagegen eilt erst nach dem Rufen Maleens herbei und zweifelt auch dann noch daran, ob sie wirklich seine Liebste ist.

Die „alte“ Braut ist nun wahrhaft überflüssig geworden Sie erleidet denselben Tod, den sie der Königtochter zugedacht hatte. „Böses fällt auf dich selbst zurück“ ist erprobte Märchen- und darum Lebensweisheit. In anderen Varianten wird die falsche Braut verbannt oder sie muss fortgehen. ♥ Symbolisch betrachtet kann das heißen, dass ein übermächtiger Schatten, der das bewusste Leben und das Überleben bedrohte, nun „kopflos“ geworden ist und dass das falsche Selbst seine Dominanz verloren hat. Auf jeden Fall ist hier auch eine sehr tröstliche Märchenweisheit verborgen: Es gibt Schattenanteile, die tatsächlich endgültig aus unserem Leben verschwinden!

Schauen wir nun das Märchen als Ganzes an und fragen uns, wie es uns in unserer Häutungsphase helfen kann. Es braucht lange Zeit und viel Geduld, bis wir alte Schattenanteile akzeptieren, verabschieden und, in bestem Fall, integrieren können. Letztlich wird uns niemand von außen her befreien, wir müssen diese harte innere Arbeit selbst beginnen. Dieser Prozess ist schmerzlich, bedrohlich und beängstigend. Manchmal sind Umwege notwendig. Auf jeden Fall aber ist wichtig, dass wir dabei auch unsere männliche Seite, unseren Animus, entwickeln. Notwendig ist auch, dass wir auch für unseren Schatten Verantwortung übernehmen und uns selbst treu bleiben. Dann aber, versichert uns das Märchen von der Jungfer Maleen, werden uns wunderbare Fügungen des Schicksals zu Hilfe kommen, dann werden sich uns neue Lebensmöglichkeiten eröffnen, und wir werden bereichert und gewandelt aus dieser Zeit hervorgehen.

Das nachfolgende Märchen erzählt, wie alten Wunden geheilt werden und wie wir eine neue Haut bekommen können.

Gustav Klimt 1901

Die verwundete Prinzessin

Es war einmal, als man auf dem Markt Zwiebeln und Knoblauch verkaufte, als der Balken meiner Waage brach, während ich nach einem schönen Mädchen schaute, die Henne wegen einer Stechmücke scharrte, der Hahn krähte und die Nachtigall ihr Mädchen pries: „Du bist auf dem Zweig unter dem Dach, oh, wo bist du, meine Schöne! Manchmal öffnest du dich wie eine Rose, manchmal schwebst du in den Lüften." Das ist ein Märchen: Zwei Katzen sprangen, der Frosch wurde beflügelt, er ging, sich eine Braut zu holen. Die Braut trat in die Laube, plumps, da fiel sie ins Glas. Ein Märchen nennt man das, beim Erzählen kommt die Freude.

In einer früheren Zeit hatte ein König eines Landes keine Kinder. Obwohl der König und seine Gemahlin sehr gerne ein Kind gehabt hätten, schenkte Gott ihnen keines. Aus der ganzen Welt kamen die berühmtesten Ärzte herbei und untersuchten die Königin. Es wurden Arzneien aus sehr kostbaren Kräutern bereitet, aber alle blieben nutzlos. So verbrachten sie ihre Tage in Kummer und Verdruss. Schließlich, als der König und die Königin schon recht alt geworden waren, bekamen sie doch noch eine Tochter. Mit ihnen war das ganze Volk von großer Freude erfüllt. Tagelang veranstaltete man Freudenfeste und Gastmähler, und die Dienerinnen trugen die kleine Prinzessin auf Händen

Mit der Zeit nun begann das Mädchen heranzuwachsen, und je mehr sie wuchs, desto schöner wurde sie. Als sie jedoch zu einem jungen Mädchen geworden war, siehe, da erschienen auf ihrem ganzen Leib lauter Wunden. Der König und die Königin waren darüber sehr bekümmert, riefen alle Ärzte des Landes ins Schloss und ließen ihre Tochter untersuchen. Daraufhin wurden teuerste Arzneien zubereitet und damit ihr Körper bestrichen, doch keine brachte Linderung. Anstatt sich zu vermindern, nahmen die Wunden jeden Tag noch etwas zu.

Nun sandte der König in alle vier Himmelsrichtungen Boten aus und ließ die namhaftesten Ärzte herbeirufen, aber wiederum blieb die Heilung aus. Auf dem Körper der unglücklichen jungen Prinzessin blieb keine Stelle mehr übrig, die nicht von Wunden bedeckt war. Sie konnte es vor Schmerz nicht aushalten, ihre Tränen nicht zurückhalten, und das Blut, das aus ihren Wunden rann, hörte in keiner Weise auf zu fließen. Schließlich gab der König, da er keinen Ausweg mehr wusste, den Goldschmieden des Schlosses den Befehl, den Leib seiner Tochter von Kopf bis Fuß mit Gold zu bedecken. Auf diese Weise hörte das Blut zwar zu fließen auf; ihr Schmerz jedoch hielt an, da die Wunden nicht geheilt waren. Der König und die Königin jedoch fühlten sich etwas wohler, weil sie doch wenigstens diese kleine Hilfe gegen das Bluten ihrer Tochter gefunden hatten.

Nun verbreitete sich die Nachricht von der mit Gold bedeckten Prinzessin im ganzen Lande, und Diebe und Hexen drangen in das Schloss ein und machten sich daran, auf Mittel und Wege zu sinnen, um das Gold an dem Mädchen für sich zu gewinnen. In diesem Lande aber gab es nun eine Hexe, vor der sich ein jeder fürchtete. Diese Hexe, die trotz ihres hohen Alters schwer und kräftig war, pflegte die Kleidung zu verändern und dann allerlei schlimme Taten zu verrichten, ohne dass sie jemand erkannt hätte. Kaum hatte sie nun die Nachricht vernommen, verwandelte sie sich in eine Gestalt, die niemand würde erkennen können. Mit einer Tasche in der Hand kam sie vor das Schloss. Dem Torwächter machte sie mit der Hand ein Zeichen und rief: „Mein Sohn! Ich komme aus dem Lande Jemen und bin die Tochter eines der berühmtesten Ärzte dort. Als mein Vater auf dem Sterbebette lag, unterwies er mich in allen seine Heilkünsten. Ich heile sofort Krankheiten aller Art. Ich habe erfahren, dass auf dem Leib unserer jungen Prinzessin Wunden aufgebrochen sind. Geh sofort und sage unserem Padischah, ich würde, wenn er es wünscht, seine Tochter aufs schnellste von ihren Wunden heilen."

Als der Padischah das hörte, gab er den Befehl, das alte Weib vor ihn zu bringen und sprach zu ihr: „Wenn das, was du gesagt hast, wahr ist und du meine Tochter von ihren Wunden heilst, dann mache ich dich reich, doch wenn ihre Wunden zunehmen, dann suche dir eine Todesart aus." Das alte Weib verneigte sich, um einige Male den Boden zu küssen, um dem Padischah seine Ehrerbietung zu erweisen, und gab dann zur Antwort: „Mein Padischah, sorge dich nicht; ich bin die Tochter eines der berühmtesten Ärzte aus dem Lande Jemen. Als mein Vater im Sterben lag, lehrte er mich seine ganze Kunst. Ich kenne Arzneien, die jede Art von Krankheit zu heilen vermögen. Diese Arzneien werden aus Kräutern und Pflanzen zubereitet, die nur in meinem Heimatlande wachsen. Diese Kunst versteht auf der ganzen Welt niemand außer mir. Doch muss ich mit der jungen Prinzessin drei oder vier Tage allein in einem Zimmer bleiben, und niemand soll zu mir hereinkommen."

Der Padischah glaubte dem alten Weib. Im Garten des Serails gab es in einem abgelegenen Winkel einen kleinen Pavillon. Er ließ also das Mädchen und die alte Frau dorthin bringen und befahl, ihnen Essen und Trinken für drei, vier Tage hinzustellen und sie dann allein zu lassen. Als es nun Nacht wurde und im Serail alle Lichter erloschen waren, öffnete die alte Frau ihre Tasche uns sprach zu dem Mädchen: „Mein Kleines, zunächst muss ich deinen Goldüberzug entfernen, danach sehe ich mir deine Wunden an und trage meine Arzneien auf."

Das arme, ahnungslose Mädchen freute sich, dass es ihr nun bald besser gehen und sie von ihren Wunden befreit werden würde. Das alte Weib entfernte mit einer Reihe von Werkzeugen den Goldüberzug des Mädchens. Darauf aber zog sie eine Flasche aus der Tasche, öffnete den Verschluss und bespritzte das Mädchen mit dem Zauberwasser, das darin war. Die kleine Prinzessin wusste nicht, wie ihr geschah. Es begann sich, ihr im Kopf zu drehen, und ihre Augen verdunkelten sich, und es dauerte nicht lange, da verlor sie die Besinnung, und sie fiel wie tot auf den Boden hin.

Ohne Zeit zu verlieren, zerschlug das alte Weib das Gold zu kleinen Stückchen und steckte sie in ihre Tasche. Über das Mädchen breitete sie ein altes Gewand, das sich dort fand. Dann lud sie sich auf den Rücken und verließ den Pavillon. Obwohl die junge Prinzessin ohnmächtig auf ihrem Rücken lag, eilte die Al-

te stundenlang des Weges dahin, wobei sie ab und zu eine Ruhepause machte. Als sie nun merkte, dass sie sich ziemlich weit vom Palast entfernt hatte, ließ sie das Mädchen am Wegesrand zurück und machte sich davon.

Gegen Morgen kam die junge Prinzessin wieder zu sich. Sie schaute sich um und bemerkte, dass sie sich auf einem öden Berggipfel befand. Das Gold auf ihr war abgelöst, ihre Wunden schmerzten schlimmer als zuvor und von allen Stellen floss Blut. Ratlos schaute sie sich in der Gegend um. Da bemerkte sie in einiger Entfernung etwas, das wie ein Brunnen aussah. Mühsam schleppte sie sich dorthin. Es war wirklich ein Brunnen, und sie schöpfte mit der Hand Wasser und trank sich daran satt. Nun begann sie, Wasser aus dem Brunnen zu schöpfen und damit die Wunden auf ihrem Körper zu benetzen. Kaum aber hatte das Wasser auf die erste Wunde gebracht, so war dort nichts mehr zu sehen, die Wunde war verschwunden. Da wusch sie sich nacheinander auch die übrigen Wunden, und alle wurden wieder vollkommen heil. Welches Wunder!

Die Prinzessin wusste nicht, was sie vor Freude tun sollte. Singend und springend machte sie sich auf den Weg. Sie zog lange dahin über Täler und Höhen, sechs Monate und einen Herbst wanderte sie. Schließlich kam sie zu einem Feld, auf dem ein alter Mann pflügte. Sie ging zu ihm hin und bat ihn um eine Stück Brot. Dann ließ sie sich an seiner Seite nieder und erzählte dem alten Bauern, was ihr zugestoßen war. Er gewann das Mädchen lieb und nahm sie zu sich und am Abend kehrten sie in sein Dorf zurück. Der Bauer hatte noch eine Frau und einen herangewachsenen Sohn. Auch sie freuten sich, dass ihrem Haus ein junges Mädchen beschert wurde.

So kamen sie gut miteinander aus. Schließlich verheiratete der Bauer seinen Sohn mit dem Mädchen. Sie waren beide mit ihrem jungen Leben zufrieden, und bald darauf wurde ihnen ein Sohn geboren. Da sagte die Frau zu ihrem Mann: „Betrachte den Gang der Welt. Was ich war, was ich bin und was ich noch werde, ist ungewiss. Aber ich bin mit meinem Leben sehr zufrieden. Nur habe ich eine Bitte an dich: Ich möchte den Namen meines Sohnes bestimmen. Und wenn wir danach noch

Kinder haben sollten, möchte ich auch ihnen die Namen geben."

Ihr Mann nahm diesen Wunsch freudig auf und stimmte zu. Daraufhin gab die junge Frau ihrem ersten Kind den Namen „Waswarich". Inzwischen verging eine lange Zeit. Da wurde ihnen noch ein Sohn geboren, dem gab sie den Namen „Wasbinich". Den dritten Sohn nannte sie „Waswerdeich". Je mehr die Kinder heranwuchsen, desto schöner wurden sie.

Eines Tages nun waren sie mit ihrer Mutter und ihrem Vater aufs Feld gegangen. Während die Eltern auf dem Acker arbeiteten, spielten die Kinder am Rande des Weges. Gerade zu dieser Zeit fuhr der Sultan an dieser Stelle vorbei. Ihm gefielen die Kinder sehr, und er ließ den Wagen halten. Als er sie nacheinander gestreichelt hatte, fragte er sie nach ihrem Namen. Als er aber „Waswarich", „Wasbinich" und „Waswerdeich" hörte, verwunderte er sich, denn solche Namen hatte er noch nie gehört. Unterdessen waren die junge Mutter und der Vater hinzugekommen. Obwohl der Sultan sehr gealtert war, nicht mehr so gut sah und weiße Haare bekommen hatte, erkannte ihn seine Tochter sofort wieder. Der Sultan fragte: „Warum habt ihr euren Kindern solche Namen gegeben?" Da konnte sich seine Tochter nicht länger halten, begann zu weinen, lief zu ihrem Vater und umfing seine Hände. Sie gab sich ihm zu erkennen und erzählte alles, was ihr widerfahren war. Weil der alte Sultan seine Tochter wiedergefunden hatte, war es ihm, als ob ihm die ganze Welt gehöre. Er nahm sie, seinen Schwiegersohn und seine Enkel in seinen Wagen und kehrte geradenwegs zum Palast zurück. Von jenem Tag an führten sie zusammen ein glückliches Leben. Sie gelangten an ihr Ziel, wir wollen zusammen auf den Speicher gehen.

(Märchen aus der Türkei)

Heilung für alte Wunden finden

Viele türkische Märchen beginnen mit Eingangsformeln, die *tekerleme* genannt werden, ein Wort, das von dem Wort *tekerlemek* abgeleitet ist, das „drehen, wälzen, rollen" bedeutet. Hier wird die sogenannte reale Wirklichkeit scherzhaft ins Unwirkliche verwandelt und auf den Kopf gestellt, hier wird mit Bildern und Worten gespielt, und es werden ganze Nonsens-Geschichten erzählt. Diese *tekerleme* hatten sicher auch die Funktion, das Interesse der Zuhörer zu wecken, sie anzulocken und sie heiter zu stimmen, denn „mit einem Löffel voll Honig fängst du mehr Fliegen als mit einem Fass voll Essig", wie ein deutsches Sprichwort sagt. – Ich meine aber, dass die *tekerleme* noch eine tiefere Funktion haben: Sie bilden eine Brücke von der Alltagswelt der Zuhörer in die andere Dimension der Zaubermärchen und bereiten das Wunderbare vor. Auch wenn die Eingangsformeln keine inhaltlichen Zusammenhang mit dem jeweiligen Inhalt des Märchens haben, ist es vielleicht kein Zufall, dass unser Märchen ein so ausgedehntes *tekerlemek* hat. Es geht in dieser Geschichte zweimal um Heilung, und die verlangt ja oft ein Heraustreten aus dem Gewohnten, ein Lachen und die Wahrnehmung ungewohnter Heilungswege. Die Schlussformel mit dem „Speicher" will dann ebenso heiter wieder in den Alltag zurückführen.

Die erste Heilung

Am Anfang der Geschichte steht die Not Kinderlosigkeit. Kein Arzt ist in der Lage, diese „Krankheit" zu heilen. Das Königspaar ist nun so sehr auf den Kinderwunsch fixiert, dass es sein übriges Leben nicht mehr genießen kann. „Sie verbrachten ihre Tage in Kummer und Verdruss." Beide sind offensichtlich im Mangelerlebnis stecken geblieben, und über ihre Seele hat sich Dunkelheit gesenkt. ♥ Kinderlosigkeit kann eine unfruchtbare Zeit meinen, wo nichts Neues in unserem Leben mehr wächst, wo alles stagniert und zu einem dumpfen Alltagstrott ohne Vision und Lichtblick wird. Vielleicht sehen wir in dieser Zeit ebenfalls nur das, was wir *nicht* haben, und können nicht mehr wahrnehmen, wie reich unser Leben doch ist und welch wunderbaren Möglichkeiten das Leben überhaupt bietet.

„Schließlich bekamen sie doch noch eine Tochter" – und zwar genau dann, als sie es nicht mehr erwarteten und auch nicht mehr selbst erzwingen wollten. Das Volksmärchen achtet die Kunst der Ärzte nicht gering, zeigt aber daneben immer wieder, dass Heilung zu ihrer Zeit geschieht und oft auf unerwartete Weise. Die ersehnte Tochter wird nun „auf Händen getragen“, und alles scheint eitel Freude und Wonne zu sein.

Die zweite Heilung

Die Familienprobleme aber bleiben offensichtlich ungelöst. Sie brechen auf, als das Mädchen herangewachsen ist, sie also in die Pubertät kommt. Das Märchen findet hierfür ein eindrückliches Bild: Ihre Haut öffnet sich, Wunden erscheinen. ♥ Nun ist die Haut ein Kontaktorgan. Sie grenzt uns einerseits ab, und andererseits können wir mit ihr unsere Umwelt berühren und erkunden. Mit Hilfe der Haut zeigen wir uns aber auch unserer Umwelt. Eine kranke und unschöne Haut kann das Selbstwertgefühl sehr beeinträchtigen. Dazu bluten die Wunden der Prinzessin. Blut wurde schon immer als Sitz des Lebens und der Seele verstanden sowie als Lebenskraft des Menschen – und genau diese verliert nun die Prinzessin stetig. Drittens hat dieses überbehütete Mädchen so große Schmerzen, dass sie „es nicht mehr aushalten und ihre Tränen nicht mehr zurückhalten kann“. Eine verzweifelte, auswegslose Situation! – Der König versucht nun, der Tochter Linderung zu verschaffen, indem er ihre Haut mit Gold überziehen lässt. Das Bluten hört dadurch tatsächlich auf. Andererseits wird dadurch nur ein Symptom kuriert und nicht die Ursache. Nach wie vor ist die Prinzessin krank und schmerzgeplagt, was der Öffentlichkeit aber nun durch das goldene Aussehen verborgen bleibt.

➯ *Hier sind Sie eingeladen, sich dieses unglaubliche Bild der kranken, aber mit Gold überzogenen Prinzessin mit Ihren inneren Augen anzuschauen. –*
Vielleicht spiegelt das Märchen Sie mit diesem Bild selbst. Es fragt: Wo gleichst du ihr? Wo zeigst du auch ein goldenes Äußeres und verbirgst dahinter alten Schmerz, tiefe Wunden und ungeweinte Tränen?

Eine dunkle weibliche Seite – ist es die der Königin? – tritt nun in Gestalt einer Hexe auf, deren Betrug der Königsvater nicht erkennt. Schutzlos überlässt er ihr das Mädchen. Die Königstochter selbst glaubt ebenfalls in naivem Vertrauen, dass die Hexe ihr nur helfen will. Sie hat seither offensichtlich nicht gelernt, Böses zu erkennen und sich vor ihm zu schützen. So verliert sie nicht nur das königliche Gold, sondern auch das Elternhaus und ihre königliche Stellung. Sie landet buchstäblich im Straßengraben und in der tiefsten Verzweiflung.

Genau hier aber wendet sich ihr Schicksal. Sie bemerkt einen Brunnen!

Sie schleppt sich darauf zu und entdeckt, dass er heilendes Wasser spendet. Es ist keine Spontanheilung nach dem ersten Schluck. So wie jede Stelle ihres Körpers krank war, muss auch jede einzelne Wunde sorgfältig ausgewaschen werden - ein Bild, das für sich selbst spricht. Zuletzt aber hat sie eine „neue Haut" und ist völlig geheilt.

➪ *Sie sind nun zu einer heilenden inneren Reise eingeladen.*
Bitte schließen Sie die Augen. Zunächst sehen Sie nur eine öde Gegend.
Dann aber entdecken Sie im Hintergrund etwas, das wie ein Brunnen aussieht.
Gehen Sie in Gedanken darauf zu und schauen den Brunnen gut an.
Wie sieht sein Wasser aus? Wie fühlt es sich an? Wie schmeckt es?
Schöpfen Sie von dem heilenden Wasser und waschen Sie sich liebevoll damit von Kopf bis Fuß.
Bedanken Sie sich bei Ihrem inneren Brunnen und öffnen dann wieder die Augen.

„Singend und springend" wanderte die Königstochter weiter. „Sie zog lange dahin, über Täler und Höhen, sechs Monate und einen Herbst wanderte sie dahin." Das ist ein außergewöhnliches Detail, das ich von anderen Geschichten nicht kenne. ♥ Offensichtlich ist nach einer so tiefen Lebenskrise und nach einer so grundlegenden Heilung eine weitere Zeit der Einsamkeit notwendig, ehe man sich wieder den übrigen Menschen zugesellen kann. Wer etwas so Tiefgehendes erlebt hat, kann sich nicht wieder sofort ins menschliche Gewühle stürzen!

Die dritte Heilung

Nach dieser Zeit der Einsamkeit aber ist die Königstochter nun fähig, Kontakt auch zu „einfachen" Menschen aufzunehmen. Hier ist es ein alter Bauer, der vielleicht für ihre mehr bodenständige Seite steht. Sie findet in seiner Familie eine neue Heimat, neue Liebe und neue

Zufriedenheit. Im Gegensatz zu ihrer Mutter bekommt sie wie selbstverständlich auch Kinder. Es sind schöne Kinder, denen sie selbst die Namen gibt, sehr ungewöhnliche Namen: „Waswarich“, „Wasbinich“ und „Waswerdeich“. Diese drei Fragen werden sonst von Dritten an die Heldin gestellt. Hier fragt die ehemalige Königstochter sich das selbst und wird es sich jedes Mal von neuem fragen, wenn sie ihre Söhne ruft. In der Zeit ihrer Krankheit hat sie offensichtlich ein großes Stück innerer Bewusstseinsarbeit vollbracht. Kann es sein, dass sie mit diesen Fragen auch ihr Verständnis für das Leben ausdrückt und ihre Bereitschaft, sich flexibel auf die Wechselfälle des Schicksals einzustellen? Jedenfalls sind die Kinder mit genau diesen Namen später eine Brücke zu ihrem Vater. Gemeinsam mit Mann und Kindern wird sie zuletzt wieder in königliche Würde eingesetzt, und das meint wohl, dass sie mit ihrer neu gewonnenen männlichen Seite und mit ihren jetzigen Lebensmöglichkeiten wirklich zum Königtum ihres Lebens gelangt ist. ♥ Jedes Märchen enthält eine von vielen Menschen erprobte Erfahrung. So weiß auch diese Geschichte darum, dass Krankheiten zum Leben gehören, versichert uns aber zuversichtlich, dass für jeden Menschen Heilung möglich ist. Sie weiß auch, dass es nichts Böses gibt, aus dem nicht etwas Gutes wachsen kann. *Jede* Frau wird zuletzt ihren heilenden Brunnen finden! Wir *können* alte Häute abstreifen und eine neue Haut bekommen! Wir dürfen ganz heil und können ganz verwandelt werden. Nicht zuletzt weist uns diese Geschichte darauf hin, dass wir auch in materiell einfachen Verhältnissen zufrieden leben können und dass zuletzt auch unser Leben gelingen wird.

Einen anderen Ausweg aus der Not zeigt ein italienisches Märchen.

Gustav Klimt 1904

Die Madonna und der Drache

In unserem Tal gab es einen Ort, da konnte man um Mitternacht die Glocken läuten hören, obschon weit und breit kein Dorf und keine Kirche zu sehen war. Viele lachten darüber und sagten, das sei nur ein Aberglaube. Andere aber behaupteten, doch, doch, wenn dort um Mitternacht die Glocken läuteten, so öffne sich die Erde einen Spaltbreit, und wer dann genug Mut habe hinabzusteigen, der könnte sein Glück machen.

Es wird also erzählt, dass sich einmal eine Frau an jenen Ort begab, die ein großes Kreuz zu tragen hatte, das heißt ein schweres Leben, nichts als Arbeit und Sorgen. Zwölf Kinder hatte sie geboren, davon waren einige gestorben, und mit dem dreizehnten ging sie schwanger. Ein paar Schafe, ein paar Ziegen, das war der ganze Besitz, und der Mann war mehr im Wirtshaus als bei der Arbeit. So ging sie, um für das Nötigste aufzukommen, als Wäscherin zu den reichen Leuten. Sie wurde immer trübsinniger, redete wenig, lachte kaum noch, und es war schon eine lange Zeit vergangen, seit sie das letzte Lied gesungen hatte. Dabei hatte sie eine wunderschöne Stimme, und als es ihr noch nicht so schlecht ging, hatte sie bei der Arbeit gesungen und den Kindern am Abend Schlaflieder. Als sie ein Mädchen war, wollte sie sogar jemand auf die Gesangsschule schicken, aber sie blieb im Dorf, denn sie war schon verlobt.

Nun war es so weit gekommen, dass sie aus lauter Verzweiflung über das tägliche Elend in der Nacht an jenen Ort ging und dachte: „Wenn es wahr ist, dass dort die Glocken läuten, obschon keine Kirche in der Nähe ist, dann kann auch ein anderes Wunder geschehen. Vielleicht sehe ich die Madonna, nur sie allein kann mir noch helfen."

Sie kam hin, da war's gerade Mitternacht, und sie hörte die Glocken läuten. Dann tat sich die Erde einen Spaltbreit auf, und sie ging ohne weiteres hinunter und dachte: „Wenn ich nicht mehr zurückkomme, bin ich wenigstens mein armseliges

Leben los; die Madonna wird auch dann für meine Kinder sorgen, daran glaube ich."

Wie sie aber tiefer und tiefer stieg, wurde es nicht finsterer, sondern heller. Auf einmal sah sie einen ungeheuren Drachen, der stand unbeweglich da und lauschte den Glockenklängen, und aus seinem riesigen Maul loderte Feuer. Die Glocken aber wurden von der heiligen Madonna geläutet, die hatte die Stränge um ihre Hände gewickelt und war ganz in ihre Arbeit vertieft. Wie nun die Stunde nach Mitternacht vorbei war, sank der Drache zu Boden und fiel in tiefen Schlaf, und die Madonna hörte mit Läuten auf.

„Weshalb bist du gekommen?", fragte die Madonna. Die Frau sagte: „Ich kann mein Leben nicht mehr ertragen", und begann zu weinen. „Ich habe es auch schwer", sagte die Madonna, „jede Nacht muss ich eine Stunde lang die Glocken läuten. Es ist die Zeit, in der der Drache wach ist und auf die Erde hinauf will, um sich seine Opfer zu holen. Diese Klänge allein besänftigen ihn, ich muss nur achtgeben, dass ich keine Sekunde zu früh damit aufhöre. Manchmal schaffe ich es nur mit knapper Not."

Zur nächsten Mitternacht erwachte der Drache wie gewohnt, und die Madonna machte sich ans Läuten. Aber nach einer halben Stunde verließen sie ihre Kräfte, und die Glocken gaben nur noch leise Töne von sich. Da wurde der Drache unruhig, seine Augen traten hervor, und aus seinem Maul loderte soviel Feuer, dass die Hitze beinahe die Glocken zum Schmelzen gebracht hätte. Da nahm die Frau die Glockenstränge selbst in die Hände und läutete und läutete, und der Drache stand unbeweglich, bis die Stunde um war, und dann legte er sich und schlief ein.

In der dritten Mitternacht ging die Frau selbst zu den Glocken, nahm die Stränge und läutete und der Drache hörte ganz versunken zu. Aber auch sie vermochte nur ganz kurze Zeit zu läuten, dann hatte sie keine Kraft mehr in den Händen. Schon bewegte der Drache den Kopf und begann die Krallen zu bewegen, da fing die Frau auf einmal zu singen an. Und weil sie so lange Zeit nicht mehr gesungen hatte, war ihre Stimme zuerst leise, doch dann wurde sie voll und kräftig wie in ihren jungen Jahren. Der Drache stand wie angewurzelt da und lauschte ganz verzückt den ungewohnten Klängen.

Als die Zeit um und der Drache wieder eingeschlafen war, sagte die Madonna: „Durch deine Hilfe konnte das Unglück abgewendet werden. Und weil du mir bei der Arbeit geholfen hast, will auch ich dir in Zukunft bei der Arbeit helfen.“ Sie verließen den unterirdischen Ort, stiegen hinauf und pflanzten einen Baum über den Erdspalt. Als der Drache in der kommenden Mitternacht kein Glockengeläut und keine menschliche Stimme hörte, peitschte er vor Zorn mit dem Schwanz, und dabei verwickelte sich dieser mit den Glockenseilen und die Glocken fingen dadurch an zu läuten. Ganz verzaubert stand der Drache da und lauschte und lauschte. Und immer, wenn er wieder zornig und unruhig wurde, fingen so die Glocken von neuem zu läuten an.

Die Madonna aber ging mit der Frau in ihr Dorf und half ihr bei aller Arbeit. Sie half ihr beim Waschen, beim Kochen, beim Kinderhüten. Sie stand ihr bei in der Stunde der Geburt und sie trug das Kind zur Taufe. Die Frau aber sang in der Kirche, sie sang den Kindern Schlaflieder vor, sie sang bei der Arbeit und sie sang bis ans Ende ihrer Tage.

Italienisches Märchen, bearbeitet von H. C. Heim

Das Leben neu besingen

Das Lied der Verzweiflung

Das Märchen erzählt von einer Frau, die „mit einem schweren Kreuz“ belastetet ist. Sie ist Frau eines Alkoholikers, Mutter von zwölf Kindern und erneut schwanger. Hohe Geburtenzahlen und Kindersterblichkeit gingen ja früher Hand in Hand, so sind auch ihr einige Kinder schon wieder gestorben. Ob sie Zeit und Hilfe hatte, diese zu betrauern, ist fraglich. In der Fürsorge für die Familie und wohl auch in der Trauer um die gestorbenen Kinder wird sie von ihrem Mann allein gelassen. Sie muss hart arbeiten, „um das Nötigste zu verdienen“. Sie hat wahrlich „ein schweres Leben, nichts als Arbeit und Sorgen“. Die Schwangere wird nun so trübsinnig, dass sie kaum mehr spricht, wenig lacht und nicht mehr singt. Sie verstummt zunehmend, nimmt also immer weniger Kontakt mit ihrer Umwelt auf. Das Schlimmste ist, dass ihre ganz besondere Gabe und Begabung nicht mehr leben kann: Die Musik ist aus ihrem Leben verschwunden, und das kann wohl auch meinen, dass ihre Seele stumm geworden ist. Das Wort *trübsinnig* ist im Alt- und Mittelhochdeutschen verwandt mit *düster* und *verwirrt*. Wir können also sagen, dass ihr Bewusstsein verdunkelt und verwirrt ist.

♥ Viele geschiedene oder verwitwete Frauen werden sich ähnlich in der Fürsorge für das oder die Kinder vom Partner im Stich gelassen fühlen und ebensolche Härten und depressive Zeiten kennen. Vielleicht kommt dann ebenfalls erschwerend dazu, dass sie wegen der Heirat die eigene Berufsausbildung zurückgestellt haben, weshalb sie jetzt nur unterqualifizierte Arbeiten verrichten können. Nur zu leicht verschwinden dann unter den harten Existenzängsten auch bei ihnen Schönheit und Musik des Lebens. Sie können ihre eigentliche Begabung und ihre Träume nicht mehr verwirklichen und ihren ureigensten Lebensauftrag nicht leben.

Offensichtlich war das schon immer eine häufige Situation, sonst wäre das Märchen nicht durch viele Generationen immer wieder weitererzählt worden. Es wurde aber sicher auch weitergegeben, weil es nicht bei der Verzweiflung stehen bleibt, sondern einen beispielhaften Ausweg zeigt, trotzdem und dennoch alles Böse mit einem Lobgesang zu überwinden.

Das Lied des Aufbruchs

Die Frau unseres Märchens löst sich aus dem täglichen Elendstrott. *Sie bricht auf.* Das ist wunderbar doppeldeutig: Sie geht fort und sie selbst bricht auf. Sie erkennt, dass sie Hilfe braucht, und sucht sich diese. Wohin wird sie nun gehen? Sie geht ausgerechnet zu einem Ort, der von manchen Menschen verlacht wird, dem andere aber eine wunderkräftige Wirkung zuschreiben. ♥ Hier fragt uns das Märchen: Und du, was machst du? Bleibst du in deinem Elend und in deinem Alltagstrott sitzen? Oder brichst du auch auf und suchst dir Hilfe?

Das Lied des Vertrauens

Die Frau weiß nicht, was sie in der Tiefe der Erde vorfinden wird, steigt aber dennoch voll Vertrauen hinab und hofft auf eine Begegnung mit der göttlichen Mutter. Ihr Aufbruch und diese neue Zuversicht sind offensichtlich eng miteinander verbunden. Sie vertraut darauf, dass es Helferinnen aus der geistigen Welt gibt, die auch ihren Kindern beistehen werden. Sie glaubt, dass Wunder möglich sind, und dieser ihr Glaube schafft die Voraussetzung dafür.

Das Lied der Bedrohung

In der Tiefe findet sie ungewohntes Licht. Es stammt von einem gefährlichen Drachen. Nun wäre zur Symbolik des Drachens im Märchen wie in der eigenen Seele viel zu sagen, was im Rahmen dieses Buches aber nicht möglich ist. Eine gute Zusammenfassung gibt Max Lüthi: „Der Kampf mit dem Drachen, ein Lieblingsmotiv des europäischen Märchens, erinnert zunächst an den Kampf des Menschen mit wirklichen Untieren, ein Geschehen, das die Phantasie früherer Zeiten mit großer Gewalt beschäftigt haben muss. Gerade deshalb aber wird der Kampf mit dem Untier zum Symbol für den Kampf mit der feindlichen Umwelt, mit dem Bösen außer uns und in uns, des Willens mit den Trieben, der Form mit dem Chaos, des Menschen mit dem Jenseitigen oder mit dem Schicksal. Der Drache ist ein Bild für die ungestaltete und gefährliche Natur wie für das eigene Unbewusste."[25] In der eigenen Tiefe finden sich wahrlich nicht nur harmlose Wesen. Das merkt auch die Frau: Sie wird nun mit dem Drachen konfrontiert. ♥ Zum Weg aus Depression und Verzweiflung gehört bei jeder Frau der Weg in die *eigene* Tiefe und die Begegnung mit dem *eigenen* „Drachen“, also mit *eigenen* bedrohlichen Schattenseiten. Das bleibt keiner Frau erspart, die wieder zur Freude und zum Licht kommen will. Nur – wie geht man mit einem solchen „Drachen“ um?

Die Musik der Madonna

Neben dem gefährlichen Drachen steht die Madonna, die ihn mit Glockengeläut in Schach hält, bis er nach jeweils einer Stunde wieder in Schlaf sinkt. *Die Jungfrau und der Drache* ist nicht erst ein christliches Motiv. In der folkloristischen Kultur wurden Drachen nicht streng von Schlangen unterschieden, deshalb interessieren hier auch Aussagen über Jungfrau und Schlange. Es gab in allen alten Kulturen Göttinnen, welche mit Schlangen abgebildet wurden und die Herrin auch der Schlangen waren. Die ägyptischen Hieroglyphen geben das Wort „Göttin“ durch das Bild einer Kobra wieder, die Göttin Neith ist auf Statuen als solche abgebildet. Die Schlange ist Symbol der Isis wie auch der Anat des Nahen Ostens. Die Schlangengöttinnen Kretas führen die Tradition fort, auch sie sind Herrinnen der Schlangen.

Drachen werden in unzähligen Mythen, Sagen und Märchen von männlichen Helden meist mit dem Schwert getötet. Daneben aber gibt es einige Überlieferungen von Frauen, die gefährliche Drachen auf andere Weise bezwingen. In der Argonautensage betäubt die Königstochter Medea einen Drachen, welcher das Goldene Vlies bewacht, mit Zauberkräutern und weiblicher Magie. Die Heilige Martha schlägt im südfranzösischen Märchen über das „Ungeheuer Tarasque“ das Zeichen des Kreuzes und besprengt den Drachen mit Weihwasser. Darauf wird dieser sanft wie ein Lamm und sie kann ihn an ihrem blauen Gürtel fortführen. Ähnlich verfahren andere weibliche christliche Heilige. In unserem Märchen bezwingt nun die Madonna den teuflischen Drachen mit Musik.

Das neue Lied der Frau

Die schwangere Frau, die anfangs nur ihr eigenes Elend gesehen hat, nimmt plötzlich wahr, dass auch andere Hilfe brauchen, und greift tatkräftig in die Glockenseile, als Maria schwach wird. Es geht ja nicht nur darum, hier irgendwelche Glocken zu läuten. Vielmehr muss ja auch eine teuflische Macht in Schach gehalten werden, und das erfordert wirklich eine ungeheure Kraft. So merkt auch die Frau in der dritten Nacht, dass ihre Hände zu schwach sind, die ganze Stunde lang zu läuten. Erneut ist sie in einer verzweifelten Situation. Was soll sie tun? Ihr kommt ein rettender Einfall: Sie fängt zu singen an. Ihre eigene Stimme ertönt wieder, ihre persönlichste Begabung lebt wieder. Ihre Stimme strahlt und verzaubert selbst den Drachen! Im Vollbesitz ihrer alten Kraft singt die Frau „bis ans Ende ihrer Tage“.

⇨ *Hier sind Sie wieder eingeladen, die Augen zu schließen, Ihre inneren Augen und diesesmal auch die inneren Ohren zu öffnen.*
Schauen Sie sich den gewaltigen, feuerspeienden Drachen an und daneben die singende Frau. Wie schaut es aus, wenn die Frau immer kraftvoller singt und der Drache „verzückt lauscht“?
Versuchen Sie, den Gesang zu hören. Öffnen Sie dann wieder Ihre Augen.
Vielleicht haben Sie jetzt Lust, selbst auch ein kraftvolles und lautes Lied zu singen.

Nach dem Singen fällt beiden Frauen eine kreative Lösung ein. Ein Baum über dem Erdspalt wird den Drachen fernhalten, und in Zukunft wird er sich selbst mit dem Läuten der Glocken besänftigen. Die Frau aber geht verwandelt in die alte Situation zurück, antwortet aber neu und anders auf sie. Die Hilfe der Madonna ist wohl nicht buchstäblich zu verstehen. Es kann gemeint sein, dass die Frau Marias Hilfe bei jeder Arbeit erbittet und erhält. Ganz besonders schön finde ich auch den Hinweis, dass die Madonna ihr bei der Geburt beisteht und Patin des Kindes wird. Das Elend mit dem Mann und der Armut ist geblieben, die Frau aber singt *dennoch*. Musik und Schönheit sind nun wieder in ihr Leben zurückgekehrt, unverlierbar. ♥ Dieses Märchen macht uns Mut: „Auch wenn sich deine äußere Situation nicht ändert, kannst du dich selbst ändern, und alles wird nicht mehr unerträglich sein. Auch du kannst Hilfe aus der geistigen Welt bekommen, wenn du darum bittest. Auch du kannst dich verwandeln, und auch dir stehen Lebensfreude und Schönheit offen.“

Die Öffnung für andere

Auf der Suchwanderung nach dem verlorenen Glück kommen viele Märchenfrauen nicht direkt ans Ziel. Irgendwann kommt ein Punkt, an dem sie nicht weiter wissen und können. Dort halten sie inne, und aus diesem Innehalten erwächst dann etwas ganz Neues und Außergewöhnliches. Sie packen neue Aufgaben an und beginnen mit seither ungewohnten Tätigkeiten für andere. Diese können sehr verschieden aussehen.

Beispiele: *„Das Mädchen im Kasten"* regiert als König so gut, *„dass alle sie liebten wie den lieben Gott"*. Die Königstochter in *„Sorge und Leid"* verwandelt und erlöst nicht nur das ganze Schloss, sondern auch die Natur. Das Mädchen im *„Finist"* dient anderen so vorzüglich, dass selbst ungute Menschen wieder etwas Positives sehen können. Im Grimmschen Märchen *„Der gelernte Jäger"* eröffnet eine Königstochter ein Wirtshaus, auf dessen Schild steht: „Heute umsonst, morgen für Geld!" So sättigt sie viele Menschen und gibt ihnen mit dem Essen sicher auch eigene Lebens- und Liebeskraft weiter.

Erstaunlich viele Märchenfrauen lernen das Heilen. Im deutschen Märchen „Der Pfiffigste" heilt eine Frau als Ärztin im Männergewand ein ganzes Regiment und zuletzt ihren eigenen verstörten Mann. Eine norwegische Prinzessin erfährt auf ihrem Weg „zufällig", wie *„Der Grüne Ritter"* geheilt werden kann. Im englischen Märchen *„Katharina Nussknackerin"* heilt diese nicht nur den kranken Prinzen, sondern auch ihre kranke Schwester. Für diese Heilkraft der Frauen könnte ich noch viele weitere Beispiele anfügen. Ob diese Frauen nun regieren oder dienen, kochen oder heilen, stets geschieht derselbe unglaubliche Bewusstseinswandel: Haben sie seither *einen* Menschen geliebt, öffnen sie sich jetzt für *viele*. Ihr Herz weitet sich. Sie lassen ihre Liebe nun zu vielen hilfsbedürftigen Menschen fließen. So werden sie zu Heilbringerinnen für ihre Umgebung. Hier zeigt uns das Märchen, dass unsere Trennung im Netzwerk des Lebens einen tiefen Sinn haben kann, denn die Welt braucht Liebe, heute mehr denn je.

Nun ist es erstaunlich und wunderbar, dass genau bei solchem Handeln plötzlich ein Hinweis zu dem Verlorenen auftaucht und dass genau durch diese Öffnung für andere neues Glück gefunden werden kann. Dies ist eine so häufige Märchenweisheit, dass dahinter wohl eine geprüfte Menschheitserfahrung stecken muss. ♥ Anders ausgedrückt kann das heißen:

- Wenn du dich nach der Trennung nicht wehleidig zu Hause verkriechst, sondern in die Welt ziehst,
- wenn du nun auch deine männliche Seite entwickelst,
- wenn du trotz aller Sehnsucht und aller Trauer ein liebesfähiger Mensch bleibst, der auf neue Weise für andere da ist, dann werden sich wunderbare Zufälle ereignen, dann kann dein Schicksal sich wenden.

Ein ganz besonders eindrückliches Beispiel für die Öffnung für Andere und für solche Schicksalsfügungen finden wir in dem nun folgenden türkischen Märchen. Es führt uns in eine orientalische Welt. Hoffentlich können Sie sich an seiner blumigen Sprache erfreuen. Ehe Sie nun diese Geschichte lesen – es lohnt sich, sie laut zu sprechen –, möchte ich Sie mit einem Zitat von St. Exupéry noch einmal an das innere Schauen erinnern:

„Erkennen heißt nicht zerlegen,
auch nicht erklären.
Es heißt Zugang zur Schau finden.
Aber um zu schauen,
muss man erst teilnehmen.“[26]

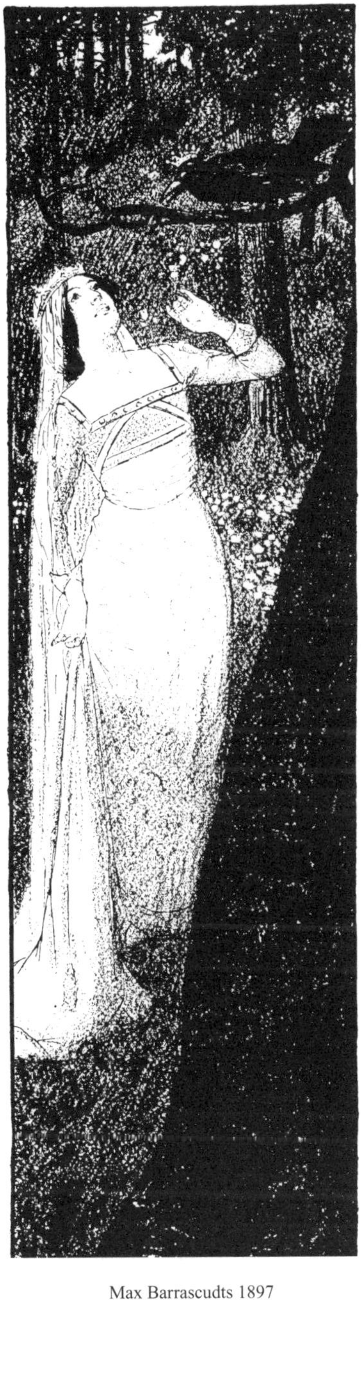

Max Barrascudts 1897

Prinz Hüsnü Yusuf

Es war einmal und es war nicht ... In früheren Zeiten, als das Sieb noch im Stroh lag ...

Ein Padischah hatte eine sehr schöne Tochter. Eines Tages war das Mädchen traurig und erzählte das ihrer Dienerin. Die Dienerin sprach: „Ach, meine Sultana, ich will dir einen Stickrahmen geben. Arbeite daran, dann wirst du wieder froh sein." So begann die Sultana am Stickrahmen zu arbeiten.

Eines Tages saß sie am Fenster und arbeitete am Stickrahmen. Da kam – prrr – ein weißer Vogel geflogen, schnappte die Schere und flog weg. Die Sultana sah dem Vogel verblüfft hinterher und konnte ihn gar nicht mehr vergessen.

Die Zeit verging, und als sie eines Tages wieder am Fenster arbeitete, fing sie an zu grübeln. Da kam derselbe Vogel, nahm diesmal den Fingerhut und entfloh. Die Sultana aber welkte von Tag zu Tag dahin und wurde bleicher und bleicher. Der Vogel, der da immer kam, sah keinem anderen Vogel ähnlich.

Danach vergingen wieder Tage. Die Sultana hatte die Arbeit am Stickrahmen beendet, und als sie wiederum grübelnd am Fenster stand, kam der Vogel, nahm diesmal den ganzen Stickrahmen und flog weg. Nun aß und trank das arme Mädchen nichts mehr. Überall wurde bekannt gegeben, dass die Sultana krank sei, aber niemand konnte ein Mittel gegen ihren Schmerz finden. Nachdem nun viele Ärzte vergeblich versucht hatten, sie zu heilen, kam zuletzt noch einer, zu dem sprach die Sultana: „Ich bin krank aus Liebe. Sagt zu meinem Vater: Eure Tochter muss allein eine Reise unternehmen, sonst wird sie nicht wieder gesund", und gab ihm einen Sack voll Gold. Der Arzt ging zum Padischah und sagte: „Wenn ihr wollt, dass eure Tochter gesund wird, erlaubt, dass sie auf Reisen geht. Aber niemand soll bei ihr sein." Das war dem Padischah nicht recht, aber er ließ es um der Gesundheit seiner Tochter willen geschehen.

So nimmt die Sultana nun alles, was gering an Gewicht und groß an Wert ist. Sie zieht über Berg und Felsen, durch Täler und über Hügel, sie geht monatelang und sucht überall den weißen Vogel, kann ihn aber nicht finden. Schließlich kommt sie eines Tages, vor Müdigkeit erschöpft, in eine Stadt. Mit dem Geld, was ihr verblieben ist, baut sie ein Bad und lässt in alle Himmelsrichtungen bekannt geben: „Wer einen Kummer hat, soll ihn erzählen. Wer etwas zu erzählen hat, darf kostenlos in diesem Bad baden." So füllt sich das Bad und leert sich wieder.

Nun gab es in jenem Land auch einen Grindkopf. Er wohnte in einem Dorf, brachte Brennholz zur Stadt und verkaufte es. Eines Tages hatte er das wieder getan, da führte ihn sein Weg an der Stelle vorbei, wo das Bad stand. Er sah die Menschenmenge, drängte sich hinein und fragte: „Was gibt's?" Da begannen die Leute, ihn zu hänseln: „Grindkopf, was wirst du schon erlebt haben! Wenn du einen Kummer oder eine Sorge hättest, könntest auch du in diesem Bad kostenlos baden." Der Grindkopf kratzte sich am Kopf und machte sich auf den Weg. Am nächsten Tag erreichte er das Dorf und sprach zu seiner Mutter: „Steh auf, Mutter, wir werden in die Stadt gehen, um zu baden." Die Frau fuhr den Burschen grob an: „Geht man denn zwei Tage, um ins Bad zu kommen?" – „Mutter, in diesem Bad kann man kostenlos baden, statt zu bezahlen, erzählt man einen Kummer."

Mit einem Wort, die Frau konnte ihn nicht davon abbringen. Also machten sie sich auf den Weg. Es wurde Nacht, der Grindkopf ließ seine Mutter sich unter einen Baum legen, und er stieg hinauf. In dieser Nacht schien der Mond hell, alles ringsumher war hell erleuchtet. Da hörte er – krach, krach – irgendwelche Laute. Der Grindkopf begann vor Furcht zu zittern. Plötzlich sah er, dass da vierzig Kamele ohne Herrn entlanggingen. Er stieg sofort leise vom Baum und ging hinter ihnen her. Schließlich kamen sie an eine Höhle. Die Kamele traten durch eine Tür und luden ihre Juwelenlasten ab. Alles das ging von allein vor sich. Dann liefen sie hinaus und verschwanden. Als der Grindkopf ganz erstaunt dreinschaute, flogen drei Vögel herbei. Zwei blieben unten, und einer flatterte in das obere Stockwerk. Da dachte der Grindkopf: „Dahinter steckt sicher irgendein Geheimnis“, und folgte ihm ganz heimlich. Auf einmal sah er, dass da ein Becken stand. Der Vogel stieg hinein, flatterte einmal so, und wurde zu einem Jüngling, schön wie der Vollmond, und stieg hinaus. Er öffnete ein Schubfach, holte ein Schmuckkästchen heraus, entnahm ihm eine Schere, einen Fingerhut und einen Stickrahmen, küsste das alles und weinte: „Ach, meine Sultana, wo bist du? Dein Palast ist schwarz angestrichen. Schon seit sechs Monaten sind alle Leute im Haus in Trauer ...“ Nachdem er das weinend gesprochen hatte, legte er Schere, Fingerhut und Stickrahmen wieder an ihren Platz, wurde zu einem Vogel, und – prrr – flog er weg. Der Grindkopf wunderte sich über das alles.

Da sieht er, dass es Morgen wird. Sofort ging er zu seiner Mutter und hieß sie aufstehen. Sie machten sich wieder auf den Weg und gingen in die Stadt. Er erzählte aber seiner Mutter nichts von dem, was er in der Nacht beobachtet hatte. Sie kamen ins Bad, und wieder herrschte dort ein furchtbares Gedränge. Schließlich gelang es ihnen doch, sich hineinzudrängen, und sie begannen sich auszuziehen. Die Sultana erblickte sie hinter einem Gitter und sagte: „Wartet einmal, habt ihr etwas zu erzählen? Bevor ihr das nicht erzählt habt, könnt ihr euch nicht waschen.“ Die arme Frau sagte: „Ach, meine Tochter, was werden wir schon für Kummer haben ... Wenn nur dieser Sohn nicht wäre ...“, und begann zu erzählen, was sie von dem Grindkopf zu erdulden hatte. Die Sultana sagte: „Das ist doch kein Kummer, aber weil du von weither kommst, wasch dich!“ Die Frau freute sich und fuhr fort, sich auszuziehen.

Die Sultana aber wandte sich an den Grindkopf: „He, Grindkopf, was hast du für Kummer?“ – „Jeder nennt mich Grindkopf, und keiner gibt mir seine Tochter.“ Darauf lachte die Sultana seit Monaten zum ersten Mal wieder. Sie ließ den Grindkopf neben sich Platz nehmen. Da sagte er: „Sieh einmal, Herrin, ich werde dir etwas erzählen, hör nur zu.“ So begann der Grindkopf alles zu erzählen, was er in jener Nacht erlebt hatte. Die Mutter aber fällt dem Sohn immer wieder ins Wort: „Meine Tochter, glaubt ihm nicht, es ist alles Lüge. Wenn etwas gewesen wäre, hätte ich es nicht auch gehört?" Aber was er erzählte, gefiel der Sultana, so erzählte er weiter. Als er gerade sagte, dass er drei Vögel gesehen habe und dass einer von ihnen weiß gewesen sei, fiel sie ohnmächtig zu Boden. Von allen Seiten liefen sie herbei, um die Sultana wieder zu sich zu bringen, und die Mutter schlug den Grindkopf mit dem Holzpantoffel: „Du sollst erblinden! Was hast du der Herrin gesagt, dass sie ohnmächtig umgefallen ist?"

Kaum war die Sultana wieder zu sich gekommen, da sagte sie: „Grindkopf, wo bist du stehen geblieben? Erzähle, was dann kam!" Als er nun sagte, dass der Vogel zu einem schönen Jüngling geworden sei und Schere, Fingerhut und Stickrahmen hervorgeholt habe, fiel die Sultana wieder ohnmächtig um. Die Mutter schlug und beschimpfte den Grindkopf wieder. Kaum aber war die Sultana wieder bei sich, flehte sie den Grindkopf an: „Grindkopf, das Bad soll dir gehören, nur bringe mich dorthin, wo du den Vogel gesehen hast!" Die beiden machten sich auf den Weg. Als sie zu der Höhle kamen, ließ der Grindkopf die Sultana dort und kehrte um.

Es wurde Nacht. Die Sultana fürchtet sich schrecklich in der Dunkelheit, rührte sich aber nicht von der Stelle. Da erschien eine Kamelkarawane ohne Treiber. Die Kamele warfen ihre Lasten ab und gingen wieder. Danach verstrich eine Zeit, und – prrr – flogen drei Vögel herbei. Zwei ließen sich unten nieder, und der weiße Vogel flog hinauf. Sie eilte ihm nach und versteckte sich hinter der Türe. Der Vogel stieg in das goldene Becken und wurde zu einem schönen Jüngling. Dann öffnete er die Schublade und holte das Schmuckkästchen heraus. Als er klagte: „Ach, meine Sultana, wo bist du?" rief das Mädchen: „Hier bin ich!", und stürzte hervor. Sie fielen einander in die Arme. Dann setzten sie sich und unterhielten sich bis zum Morgen. Als es hell zu werden begann, sagte der Jüngling:

„Ach, meine Sultana, man darf dich hier nicht sehen. Ich bin der Sohn eines Padischahs. Am siebenten Tag nach meiner

Geburt haben mich Peris (böse Feen) aus dem Wochenbett gestohlen. Seit der Zeit trauern meine Eltern. Mein Land ist neun Monate von hier entfernt. Ich bringe dich auf meinem Rücken dorthin. Im Palast öffnen sie niemand die Tür. Wenn du aber sagst: Um Prinz Hüsnü Yusufs willen, öffnet, werden sie dir auftun. Und wenn wir ein Kind haben werden, nennst du es Bahtiyar."

Dann nahm er das Mädchen auf seinen Rücken, wurde wieder zu einem Vogel und flog davon. Sie flogen und flogen, sie flogen einen Monat, fünf Monate, neun Monate, Schließlich kamen sie in sein Land. Er zeigte dem Mädchen das Haus und flog – prrr – davon.

Das Mädchen kam müde und erschöpft zum Palast. Sie klopfte an der Tür, aber wie sehr sie auch flehte und bettelte, man öffnete nicht. Schließlich rief sie: „Um Prinz Hüsnü Yusufs willen, öffnet!" Da regte es sich im Palast, und es entstand ein riesiges Durcheinander. Man lief und benachrichtigte die Sultanin. Sie weinte und sagte: „Seit zwanzig Jahren kommt zum ersten Mal jemand ans Tor und nennt den Namen meines Sohnes. Öffnet dem Mädchen! Macht ihr in der Strohscheune einen Platz zurecht, sie soll dort wohnen." Das arme Mädchen richtet sich dort ein. Am Tage versieht sie den Dienst, und nachts legt sie sich dort nieder. Aber sie wird vom Gesinde auf alle möglichen Arten gequält, doch lässt sie alles über sich ergehen.

Eines Nachts bekam sie Wehen und brachte einen Knaben zur Welt. Da sagte die Sultanin: „Er fürchtet sich vielleicht, gebt ihm eine Dienerin bei!" Sie gaben ihm eine taube Dienerin. Als es Nacht war, sang das Mädchen dem Kleinen ein Schlaflied:

Die Krone meines Vaters, des Padischahs, ist aus Diamanten.
Der Herzensschmerz, was ist das für ein großer Schmerz,
Selbst der Arzt Lokman, er kann nicht helfen!

Schlafe mein Bahtiyar, du hast mich getötet,
Meinen Leib, der wie eine Rose war,
Den hast du zum Welken gebracht.

Gerade da klopfte es an das Fensterglas – tick-tick. Ein weißer Vogel kam und sagte: „Schläft mein Bahtiyar? Er soll schlafen, er soll schlafen und Rosen sollen ihn einhüllen!" Ohne noch etwas zu sagen, flog er wieder – prrr – hinweg.

Am nächsten Tag kam die Dienerin zur Sultanin und sagte: „Ach, meine Herrin, dieses Mädchen hat in dieser Nacht mit irgend jemandem über irgend etwas gesprochen. Wer weiß, wer das war? Wir wollen sie hinauswerfen!" Die Sultanin meinte: „Wir wollen einmal sehen, wer es ist und mit wem sie spricht. Das wollen wir schon richtig herausfinden", und gab dem Mädchen diesmal eine Dienerin bei, die tat, als sei sie stocktaub. Sie stellte sich schlafend und horchte, wie das Mädchen sang:

Die Krone meines Vaters, des Padischahs,
ist aus Diamanten.
Der Herzensschmerz, was ist das für ein großer Schmerz,
Selbst der Arzt Lokman, er kann nicht helfen!

Schlafe, mein Bahtiyar, du hast mich getötet,
Meinen Leib, der wie eine Rose war,
Den hast du zum Welken gebracht.

Auf meinen Stickrahmen hat sich ein Vogel gesetzt
Mein Herz ist entbrannt, es hat sich verblutet...
Heilung für meinen Schmerz hat der Grindkopf
gefunden.

Schlafe, mein Bahtiyar, du hast mich getötet,
Meinen Leib, der wie eine Rose war,
Den hast du zum Welken gebracht.

Als das Mädchen das Wiegenlied sang, kam – prrr – ein Vogel an und sagte: „Schläft mein Bahtiyar? Er soll schlafen, er soll schlafen, Rosen sollen ihn einhüllen!", und flog fort.

Die Dienerin hatte das alles gehört, konnte aber nicht verstehen, was das bedeuten sollte, und konnte bis zum Morgen nicht mehr einschlafen. Am Morgen ging sie weinend zur Sultanin und sagte: „Ach, meine Sultanin, ich kann nicht sagen, mit wem das Mädchen in der Nacht gesprochen hat. Geht ihr und horcht!"

Es wurde Nacht. Die Sultanin und der Padischah verbargen sich hinter der Tür und lauschten. Das Mädchen begann wieder zu singen:

Die Krone meines Vaters, des Padischahs,
ist aus Diamanten.
Der Herzensschmerz, was ist das für ein großer Schmerz,
Selbst der Arzt Lokman, er kann nicht helfen!

Schlafe mein Bahtiyar, du hast mich getötet,
Meinen Leib, der wie eine Rose war,
Den hast du zum Welken gebracht.

Auf meinen Stickrahmen hat sich ein Vogel gesetzt.
Mein Herz ist entbrannt, es hat sich verblutet ...
Heilung für meinen Schmerz hat der Grindkopf gefunden.

Schlafe, mein Bahtiyar, du hast mich getötet,
Meinen Leib, der wie eine Rose war,
Den hast du zum Welken gebracht!

Die Strohscheune ist mein Palast geworden,
Meine tauben Dienerinnen haben mich geschlagen.

Schlafe, mein Bahtiyar, du hast mich getötet,
Meinen Leib, der wie eine Rose war,
Den hast du zum Welken gebracht.

Aus den Augen des Padischahs kamen Tränen, und er sagte zur Sultanin: „Sie ist die Tochter eines Padischahs. Ihr habt die Arme wohl sehr gequält."

Da klopfte es – tick-tick – ans Fenster und ein Vogel kam. Er sagte: „Schläft mein Bahtiyar? Er soll schlafen, er soll schlafen, Rosen sollen ihn einhüllen! Haben es meine grausamen Eltern noch nicht gehört? Haben sie dich noch nicht in das Wochenbett und meinen Sohn in die goldenen Wiege gelegt?", und flog – prrr – davon.

Der Padischah und die Sultanin gerieten außer sich und gingen hinein. Jetzt hatten sie alles verstanden, aber wie kann man den Vogel in die Hand bekommen? Jedenfalls nahm der Padischah das Kind, die Sultanin die Braut, und sie brachten sie hinauf. Das Schlafzimmer des Sohnes, das zwanzig Jahre verschlossen gewesen war, wurde geöffnet, gereinigt, und sie legten das Mädchen in das Wochenbett und das Kind in die goldene Wiege.

Es kam die nächste Nacht, und der Vogel flog wieder zur Strohscheune. Er sah, dass da niemand war, und sagte: „Ach, haben sie sie hinausgeworfen? Oder sind sie in den Palast umgezogen?" Er flog in den Palast und geradewegs in sein Schlafzimmer. Er zog sein Vogelkleid aus und wurde zum Jüngling. Das Mädchen und das Kind aber schliefen, und er begann, sie zu liebkosen. Gerade in diesem Augenblick kamen seine Eltern herein, und als sie sahen, dass er das Vogelkleid abgelegt hatte, ergriffen sie es und wollten die Hülle ins Feuer werfen. Da rief der Jüngling: „Ach wartet, sonst verliert ihr mich ganz! Wenn ihr mich retten wollt, dann entzündet morgen auf dem Berg dort ein großes Feuer und werft meine Hülle hinein. Zuvor aber müsst ihr jede Stelle im Palast ganz fest verschließen, sodass nicht einmal ein Nadelöhr offenbleibt. Vierzig weiße und vierzig schwarze Sklavinnen sollen klagen: „Prinz Hüsnü Yusuf hat sich ins Feuer gestürzt! Dann werden alle Peris, soviele es auch gibt, sich ins Feuer stürzen, um mich zu retten. Und ich werde von ihnen gerettet sein."

So geschah es auch. Als das Feuer brannte und die Sklavinnen klagten, kamen die Peris alle nacheinander herbei, stürzten sich ins Feuer und verbrannten prasselnd. So wurde der Prinz von den Peris gerettet.

Sie feierten vierzig Tage und vierzig Nächte Hochzeit, zu der auch die Eltern des Mädchens kamen, und sie lebten glücklich bis an ihr Lebensende.

Sie haben das Ziel ihrer Wünsche erreicht, wir aber steigen auf den Diwan.

(Türkisches Märchen)

Neue Lebensaufgaben und wunderbare Fügungen

Von diesem Märchen gibt es 23 verschiedene Fassungen aus den verschiedensten türkischen Regionen. Es wurde stets von Frauen an Frauen weitergegeben. Unsere Fassung wurde 1947 von Frau Hürmüz Okur, die damals 45 Jahre alt war, in Ankara erzählt.

Beginnen Sie unmittelbar nach dem Lesen mit einer Schau der Bilder. Ein Stück Papier und Farbstifte wären danach hilfreich.

⇨ *Sie sind nun eingeladen, die Augen zu schließen und das ganze Märchen noch einmal in Bildern vor Ihren inneren Augen vorüberziehen zu lassen. Wenn dabei ein Bild besonders intensiv ist, verweilen Sie bitte dabei und schauen es genau an.*

Öffnen Sie dann die Augen wieder und skizzieren Sie dieses innere Bild in ein paar Strichen. Betrachten Sie es dann in Muße.

Suchen Sie dann noch einen Titel und schreiben ihn dazu.

Hängen Sie das Bild an die Wand und schauen Sie es immer wieder einmal an. Wenn Sie merken, dass es nicht mehr bedeutsam für Ihre Seele ist, hängen Sie es wieder ab und entsorgen es mit Achtung.

Bei meiner eigenen Betrachtung möchte ich Sie wieder nur auf einige Besonderheiten aufmerksam machen.

Die Begegnung mit dem weißen Vogel

Eine junge Sultana hat Langeweile. Ihre Dienerin lehrt sie das Sticken, traditionell eine weibliche Arbeit. Genau dabei kommt dreimal ein weißer Vogel geflogen, der ihr Teile ihres Handwerkzeugs und zuletzt die fertige Stickarbeit raubt. Es erstaunt, dass diese traumähnlichen, kurzen Begegnungen mit dem Vogel dieselbe Sehnsucht und denselben Schmerz hervorrufen können wie die Trennung von einem Partner nach einem längeren Zusammenleben. Das hat seinen Grund: „Der Vogel, der da immer kam, sah keinem anderen Vogel ähnlich.“ Vögel können von der Symbolik her etwas Geistiges und Seelisches verkörpern. Die weiße Farbe weist zudem, wie beim weißen Wolf, darauf hin, dass es sich hier nicht nur um ein tierisches, sondern um ein menschliches oder göttliches Wesen handelt. Die Sultana spürt also eine Berührung von etwas Wundervollem, ohne das sie nicht mehr leben will. Vielleicht ist ihr auch ihre männliche Seite, ihr Animus, in großer Intensität begegnet.

Die Suchwanderung der Sultana

Das freie Hinausziehen eines Mädchens in die Welt entsprang wohl einer Wunschvorstellung türkischer Frauen, denen das früher verwehrt war, und kompensierte sie zugleich. „Das Märchen ist eine Wunschdichtung, die auf Befreiung zielt“[27] – das zeigt sich hier einsichtig am Gang der Märchenhandlung. – Die Sultana sucht ihren Geliebten, den weißen Vogel, aber den findet sie zunächst nicht.

Nach monatelang vergeblicher Suche „kommt sie, vor Müdigkeit erschöpft, in eine Stadt“. Hier hält sie inne. Hier hört ihre Fixierung auf nur ein einziges geliebtes Wesen auf. Sie wendet sich nun auch anderen Menschen zu. Dabei hat sie eine sehr kreative Idee: Sie baut ein Bad, in dem jeder kostenlos baden darf, der einen Kummer erzählt. Ein Hamam, ein türkisches Bad, war eine wichtige Einrichtung. Es diente nicht nur der Reinigung, sondern auch der Körper- und Gesundheitspflege, auch war es ein Ort der Geselligkeit. Die Sultanstochter fügt ihm eine neue Bedeutung hinzu: sie lässt die Besucher kostenlos baden, wenn sie ihr einen Kummer erzählen. ♥ Das heißt, sie verhilft Menschen zu einer *doppelten* Reinigung und Erneuerung. Die Besucher des Bades dürfen sich seelisch erleichtern und ihre Sorgen und Kümmernisse mit ihr teilen bzw. bei ihr abladen. Ja, und dann können sie auch noch ihren Leib im Bad reinigen. Wahrlich, diese Sultana ist durch die Trennung zu einer heilsamen Frau für die ganze Umgebung geworden! Und so ganz nebenbei hat sie auch den Lebenssinn wiedergefunden.

Durch den Bau des Bades, durch ihre Öffnung für andere, wird ihr Leben nun kunstvoll mit dem eines Grindkopfs aus einer völlig anderen sozialen Schicht verknüpft. (Ein Grindkopf ist ein Mann mit einem abstoßenden Hautausschlag.) Welche Fügung des Schicksals: „Zufällig“ erlebt dieser eine nächtliche Begegnung mit dem gesuchten weißen Vogel.

Das Erlebnis des Grindkopfs in der Höhle

⇨ *Bitte schließen Sie wieder Ihre äußeren Augen und schauen Sie:*
die vierzig Kamele mit den Juwelenlasten,
die Höhle,
die drei Vögel,
die Verwandlung des Prinzen im goldenen Becken

und seine Liebkosung der Dinge, die von dem geliebten Mädchen stammen.

Dieser einfache Mann bringt der Sultana zwei Kostbarkeiten. Zunächst schenkt er ihr das Lachen zurück. Dann erzählt er ihr von seinem nächtlichen Erlebnis. (Dabei ist es ein köstliches erzählerisches Kabinettstückchen, wie die einfältige Mutter und die ohnmächtige Sultana geschildert werden.) Später wird er ihr Führer zur geheimen Höhle.

Vereinigung, Trennung und und erneute Hochzeit der Liebenden

Poetisch wird das große Glück der Liebenden gezeigt: Sie fliegt auf dem Rücken des Geliebten in dessen Elternhaus. *„Sie flogen und flogen, sie flogen einen Monat, fünf Monate, neun Monate.“* ♥ Dieser Höhenflug kann eine Zeit der ersten Verliebtheit meinen, auffallenderweise dauert er genau so lang wie ihre Schwangerschaft. Ein solcher Höhenflug wird uns auch im Märchen des Schlusskapitels noch einmal begegnen.

Im Elternhaus des Prinzen aber wird die junge Frau zunächst verkannt und schlecht behandelt. Auch nach der Geburt muss sie in einer Scheune wohnen. Orientalisch blumig singt nun die junge Mutter von ihren Erlebnissen, wobei sie in jeder Nacht mehr über sich offenbart. Dieses *„Mein Bahtiyar, du hast mich getötet“* ist wohl eine Metapher für den Tod des jungfräulichen Körpers und das Erschrecken über das Aussehen ihres Leibes direkt nach der Geburt. Ganz zärtlich und schön ist der dreimalige Besuch des väterlichen Vogels geschildert. Zuletzt wird die wahre Identität der Frau entdeckt, und sie bekommt mit ihrem Kind einen geehrten Platz im Palast. Nachdem nun die Erlösung des Prinzen auf die von ihm angeordnete Art glücklich vollbracht ist, kann seine Vogelhülle verbrannt werden und ein neues Glück auch für die Frau aufblühen.

♥ Die Trennung kann Sinn machen und für uns und andere zum Segen werden, wenn wir uns, ähnlich wie die Sultana, danach auch für andere Menschen öffnen können. Nun meine ich damit nicht, dass wir als geschiedene Frauen ein Helfersyndrom entwickeln oder uns in die sozial-karitative Helferinnenecke stellen sollen. Es geht einfach darum, dass unsere Liebeskraft nicht stagniert, sondern im Fließen bleibt. Wenn Sie in Ihrem Bekanntenkreis genau hinschauen, so werden Sie entdecken, dass viele der Frauen mit einer besonders wohltuenden Ausstrahlung tatsächlich eine Scheidung hinter sich haben. Es sind Frauen, die sich selbst achten und lieben *und* gerne auch etwas für andere tun, ganz einfach, weil ihnen das Freude macht und weil es ihnen selbst auch ein positives Selbstgefühl gibt.

Die Bibel drückt diesen Gedanken in Jesaja 58 wunderbar aus. Nachdem dort das Fasten als verdienstvolle Tat von Gott abgelehnt wird, heißt es:

„Ist das nicht ein Fasten, wie ich es liebe: dass du ungerechte Fesseln öffnest, die Stricke des Joches lösest? dass du Misshandelte ledig lässt und jedes Joch zerbrichst und Arme und Obdachlose in dein Haus führst? wenn du einen Nackten siehst, dass du ihn kleidst und dich den Brüdern nicht entziehst? Dann wird dein Licht hervorbrechen wie die Morgenröte und deine Heilung eilends sprossen; deine Gerechtigkeit wird vor dir hergehen und die Herrlichkeit Gottes wird deinen Zug schließen."

Möge diese Weissagung an uns allen wahr werden!

Die heilige Hochzeit – eine neue Ganzheit

Von den Schmerzen, den Ängsten und den Schwierigkeiten des Trennungsweges haben uns die vorhergehenden Märchen viel erzählt. Dabei sind sie aber nie stehen geblieben. Stets erzählen sie am Ende auch vom Wiederfinden des Paares und von der Heiligen Hochzeit. Erstens kann das Märchen damit die glückliche Wiedervereinigung eines zuvor getrennten Paares als echte Möglichkeit meinen. – Diese Heilige Hochzeit kann aber zweitens auch ganz anders aussehen: Eine verleumdete und vom Tod bedrohte Frau, die wie Genofefa mit ihrem Kind in die Wildnis geflohen ist, will nach ihrer Rehabilitierung nicht mehr in die Ehe und an den Königshof zurückkehren. Sie zieht ein kontemplatives Leben in der Natur oder in einem Kloster vor. – Drittens kann die Heilige Hochzeit noch mehr ausdrücken: ♥ Hochzeit als Symbol kann auch eine staunenswerte Sinnfülle meinen: Überwindung der Vereinsamung, neue Ganzheit, mystisches Einssein, Individuation, Verwandlung und Erlösung. Gegensätze werden neu vereint: Männliches und Weibliches, Lichtes und Dunkles, Inneres und Äußeres, Armut und Reichtum. „Soviel ist vorweg zu sagen: Von einem *Mysterium coniunctionis* und von *Heiliger Hochzeit* darf gesprochen werden, weil die hier gemeinte Vereinigung sich nicht auf der menschlichen Ebene der Ich-Du-Beziehung erschöpft. Immer ist das ewige Du mit im Spiel. … Dieses Mysterium reicht von der innigen Umarmung und wechselseitigen seelisch-leiblichen Durchdringung zweier Liebender bis hin zur sakramentalen oder mystischen Vereinigung.“[28] Ein wunderbares Beispiel für ein solches Glück und für neue Lebensmöglichkeiten nach der Trennung ist das nun folgende norwegische Märchen. Versuchen Sie, beim Lesen oder Hören des Märchens die Suchwanderung wieder in Bildern zu schauen.

Josef Rudolf Witzel 1897

Östlich von der Sonne und westlich vom Mond

Es war einmal ein armer Tagelöhner, der hatte viele Kinder, die er nur notdürftig ernähren und ganz ärmlich kleiden konnte; schön waren sie alle, aber am schönsten war doch die jüngste Tochter, sie war ganz über alle Maßen schön.

Nun war einmal an einem Donnerstagabend im Spätherbst fürchterliches Wetter draußen; es war stockfinster, und es regnete und stürmte, dass das Haus in allen Fugen krachte. Die ganze Familie saß um den Herd herum, und jedes hatte irgendeine Arbeit vor. Da klopfte es plötzlich dreimal laut an die Fensterscheibe. Der Mann ging hinaus, um zu sehen, was es gäbe, und als er hinausging, stand da ein großer, weißer Bär. „Guten Abend", sagte der weiße Bär.

„Guten Abend", sagte auch der Mann.

„Willst du mir deine jüngste Tochter geben, dann mache ich dich ebenso reich wie du jetzt arm bist", sagte der Bär.

Dem Mann gefiel das nicht übel, dass er so reich werden sollte; aber er meinte, er müsse vorher mit seiner Tochter sprechen. Er ging also wieder hinein und sagte, es sei ein weißer Bär draußen, der habe versprochen, ihn ebenso reich zu machen, wie er jetzt arm sei, wenn er nur die jüngste Tochter zur Frau bekomme. Das Mädchen aber sagte nein und wollte nichts davon wissen. Der Mann ging wieder zu dem weißen Bären hinaus, und die beiden kamen überein, dass der weiße Bär am Donnerstag wiederkommen und sich Bescheid holen solle. Indessen aber bearbeiteten die Eltern ihre Tochter und schwatzten ihr von all dem Reichtum vor, zu dem sie gelangen sollten, und wie gut es ihr selbst gehen würde. Da willigte sie schließlich ein, wusch sich und flickte ihre paar ärmlichen Kleider, schmückte sich, so gut sie konnte, und hielt sich reisefertig. Und was sie mitbekam, war nicht der Rede wert.

Am nächsten Donnerstag kam der weiße Bär, die Braut zu holen. Das Mädchen setzte sich mit seinem Bündel auf den Rücken des Bären, dann trabte dieser davon. Nachdem sie eine gute Strecke zurückgelegt hatten, fragte der weiße Bär: „Hast du Angst?“

„Nein, durchaus nicht“, antwortete sie.

„Halt dich nur gut fest an meinem Fell, dann hat es keine Not“, sagte der Bär. Nun ritt sie auf dem Rücken des Bären weit, weit fort, bis sie schließlich an einen großen Felsen kamen. Da klopfte der Bär an, und gleich ging eine Tür auf, durch die sie in ein großes Schloss hineingelangten, mit vielen hell erleuchteten Zimmern, wo alles von Gold und Silber glänzte. Dann kamen sie in einen großen Saal, da stand ein Tisch, der mit den herrlichsten Gerichten über und über bedeckt war. Hier gab der weiße Bär dem Mädchen eine silberne Glocke und sagte, wenn sie irgendetwas haben wolle, brauche sie nur mit der Glocke zu klingeln, dann werde sie es sogleich bekommen. Nachdem nun das Mädchen gespeist hatte und es Abend wurde, fühlte sie sich schläfrig von der Reise und hatte Lust, sich niederzulegen und zu schlafen. Sie klingelte also mit der Glocke; aber kaum hatte sie den letzten Ton erschallen lassen, als sie auch schon in ein Zimmer versetzt war, in dem das schönste Bett stand, das man sich nur wünschen konnte, mit seidenen Kissen und Vorhängen mit goldenen Fransen; und alles, was sich in diesem Zimmer befand, war auch von Gold und Silber. Doch als sie sich niedergelegt und das Licht ausgelöscht hatte, kam ein Mensch herein und legte sich neben sie. Der Mensch aber war der weiße Bär, der in der Nacht seinen Pelz abwerfen durfte; das Mädchen bekam ihn jedoch nie zu sehen, denn er kam immer erst, wenn sie das Licht gelöscht hatte, und ehe es morgens hell wurde, war er wieder verschwunden.

Eine Weile ging nun alles sehr gut; aber allmählich wurde das Mädchen still und betrübt; sie war ja den ganzen Tag mutterseelenallein, und so überkam sie ein großes Heimweh nach ihren Eltern und Geschwistern. Der weiße Bär fragte sie, was ihr denn fehle, da sagte sie, sie sei immer so allein und wolle so schrecklich gern ihre Eltern und Geschwister wieder sehen, und weil sie das nicht könne, sei sie so traurig.

„O, das kann schon geschehen", sagte der weiße Bär. „Aber du musst mir versprechen, dass du nie mit deiner Mutter allein reden willst, sondern nur, wenn andere zugegen sind. Sie wird dich wahrscheinlich an der Hand nehmen und dich in ihre Kammer führen wollen, damit sie mit dir allein sprechen kann. Aber das darfst zu nicht zulassen, sonst machst du uns beide unglücklich."

Eines Sonntags kam dann auch wirklich der weiße Bär und sagte, jetzt könnten sie die Reise zu ihren Eltern antreten. Sie setzte sich also auf den Rücken des Bären, und er machte sich auf den Weg. Nachdem sie eine weite Strecke zurückgelegt hatten, kamen sie schließlich an ein großes weißes Haus, vor dem ihre Geschwister spielten und sich tummelten, und alles war so reich und prächtig, dass es eine wahre Freude war, es nur anzusehen. „Hier wohnen deine Eltern", sagte der weiße Bär. „Vergiss nun nicht, was ich dir gesagt habe, sonst machst du dich und mich unglücklich." – „Gott bewahre", sie würde es sicher nicht vergessen, sagte das Mädchen, stieg ab, und der Bär kehrte wieder um.

Als die Tochter bei den Eltern war, freuten die sich über die Maßen; sie sagten, sie könnten ihr nicht genug danken dafür, was sie für sie getan habe, jetzt ginge es ihnen allen miteinander ausgezeichnet. Dann fragten sie, wie es denn ihr ginge. Das Mädchen sagte, es ginge ihr auch recht gut, und sie habe alles, was sie sich nur wünschen könnte. Am Nachmittag nun, als die Familie zu Mittag gegessen hatte, ging es so, wie der weiße Bär vorausgesagt hatte: Die Mutter wollte drinnen in ihrer Kammer allein mit der Tochter sprechen; die aber dachte daran, was der weiße Bär gesagt hatte und wollte nicht mit der Mutter gehen, sondern sagte:

„Was wir miteinander zu besprechen haben, können wir ebensogut hier sagen." Aber – sie wusste selbst nicht recht, wie es kam – schließlich überredete ihre Mutter sie doch, und da musste sie genau erzählen, wie es ihr ging. Sie berichtete nun, sobald sie abends ihr Licht gelöscht habe, komme ein Mensch

und lege sich neben sie. Sie habe ihn aber noch nie gesehen, denn er gehe immer fort, ehe es morgens hell sei. Darüber gräme sie sich nun, denn sie wolle ihn doch so schrecklich gern sehen, und am Tage sei sie allein, und es sei gar so öde und einsam.

„O weh, das ist am Ende ein Troll“, sagte die Mutter. „Aber ich will dir einen guten Rat geben, wie du ihn sehen kannst. Hier hast du ein Stück von einer Kerze, das verstecke unter deinem Brusttuch. Wenn der Troll schläft, zünde das Licht an und betrachte ihn dir. Nimm dich aber in Acht, dass du keinen Tropfen Talg auf ihn fallen lässt.“ Die Tochter nahm das Licht und verbarg es in ihrem Brusttuch, und am Abend kam der weiße Bär, sie zu holen. Als sie eine Strecke zurückgelegt hatten, fragte sie der weiße Bär, ob es nicht geradeso gegangen sei, wie er es gesagt habe. Doch, es sei so gegangen, das Mädchen konnte es nicht leugnen. „Hast du auf den Rat deiner Mutter gehört, dann machst du dich und mich unglücklich, und dann ist es aus zwischen uns“, sagte der Bär. O nein, sagte das Mädchen, das habe sie gewiss nicht getan.

Als sie zu Hause angelangt waren und das Mädchen sich zu Bett gelegt hatte, ging es genauso wie sonst: Ein Mensch kam herein und legte sich neben sie. In der Nacht aber, als sie hörte, dass er fest schlief, stand sie auf und zündete eine Kerze an. Sie beleuchtete ihn und sah den schönsten Prinzen, den man sich denken konnte; er gefiel ihr so über alle Maßen, dass sie meinte, nicht länger leben zu können, wenn sie ihn nicht augenblicklich küssen dürfte. Sie tat es; aber aus Versehen ließ sie drei heiße Talgtropfen auf sein Hemd fallen, und er erwachte.

„Ach, was hast du getan!“, rief er aus. „Nun hast du uns beide unglücklich gemacht. Hättest du nur das Jahr ausgehalten, wäre ich erlöst gewesen! Ich habe eine Stiefmutter, die mich verzaubert hat, dass ich bei Tag ein Bär und bei Nacht ein Mensch bin; aber jetzt ist es aus zwischen uns beiden, und ich muss zu meiner Stiefmutter zurückkehren. Sie wohnt auf einem Schlosse, das liegt östlich von der Sonne und westlich vom Mond; dort ist eine Prinzessin mit einer drei Ellen langen Nase, die muss ich jetzt heiraten.“ Das Mädchen weinte und jammer-

te, aber es half nichts, der Prinz sagte, er müsse abreisen. Da fragte sie, ob sie ihn nicht begleiten dürfe. Nein, sagte er, das gehe nicht an. „Aber kannst du mir nicht wenigstens den Weg sagen, damit ich dich suchen kann. Denn das wird doch wohl erlaubt sein?"

„Ja, das darfst du wohl", sagte er. „Aber es führt kein Weg dorthin. Das Schloss liegt östlich von der Sonne und westlich vom Mond, und dahin findest du den Weg nie und nimmer."

Als das Mädchen am nächsten Morgen erwachte, waren sowohl der Prinz als auch das Schloss verschwunden; sie lag auf einem grünen Platz mitten in einem dichten, dunklen Wald, und neben ihr lag das Bündel mit ihrer armseligen Habe, die sie von zu Hause mitgebracht hatte. Als sie sich nun den Schlaf aus den Augen gerieben und sich satt geweint hatte, machte sie sich auf den Weg und wanderte viele, viele Tage lang, bis sie endlich an einen großen Berg kam. Vor dem Berg saß eine alte Frau und spielte mit einem goldenen Apfel. Das Mädchen fragte sie, ob sie nicht den Weg wisse zu dem Prinzen auf dem Schloss östlich von der Sonne und westlich vom Mond, der eine Prinzessin mit einer drei Ellen langen Nase heiraten solle.

„Woher kennst du ihn?", fragte die Frau. „Bist du vielleicht das Mädchen, das er heiraten wollte?"

„Ja, ich bin jenes Mädchen", antwortete sie.

„So, also du bist es?", sagte die Frau. „Ja, mein Kind, ich weiß leider nichts von ihm, als dass er auf diesem Schloss wohnt, und dahin gelangst du wohl niemals. Aber ich will dir ein Pferd leihen, darauf kannst du zu meiner Nachbarin reiten, vielleicht kann sie dir Auskunft geben. Und wenn du dort angekommen bist, gib dem Pferd nur einen Schlag hinter das linke Ohr und befiehl ihm, nach Hause zu gehen. Und hier, nimm den goldenen Apfel mit."

Das Mädchen setzte sich auf das Pferd und ritt lange, lange Zeit; schließlich kam sie wieder an einen Berg, vor dem saß eine alte Frau, die wickelte Garn mit einer goldenen Haspel auf. Das Mädchen fragte sie, ob sie ihr nicht den Weg zu dem Schlosse sagen könne, das östlich von der Sonne und westlich vom Monde liege. Die Frau antwortete dasselbe wie die vorige:

nein, sie wisse nichts von dem Schlosse, als dass es östlich von der Sonne und westlich vom Monde liege. „Und dahin kommst du wohl nie. Aber ich will dir mein Pferd bis zu meiner nächsten Nachbarin leihen, vielleicht kann sie dir Auskunft geben. Und wenn du bei ihr angekommen bist, gib dem Pferd nur einen Schlag hinter das linke Ohr und befiehl ihm, wieder nach Hause zu gehen." Zum Schluss gab sie dem Mädchen noch die goldene Haspel, denn sie könnte ihr vielleicht nützlich sein, sagte die Alte.

Das Mädchen setzte sich nun auf das Pferd und ritt lange, lange Zeit. Endlich kam sie abermals zu einem großen Berg, vor dem saß eine alte Frau und spann mit einem goldenen Rocken. Da fragte das Mädchen wieder nach dem Prinzen und dem Schlosse, das östlich von der Sonne und westlich vom Monde liege.

„Bist du vielleicht das Mädchen, das der Prinz heiraten wollte?", fragte die Alte.

„Ja, ich bin dieses Mädchen", antwortete sie.

Aber auch diese Frau wusste nicht mehr von diesem Weg als die beiden anderen. „Ja, östlich von der Sonne und westlich vom Mond liegt das Schloss, das weiß ich. Aber dahin gelangst du wohl niemals. Ich will dir jedoch mein Pferd leihen, darauf kannst du zum Ostwind reiten und ihn fragen; vielleicht ist er dort bekannt und kann dich hinwehen. Und wenn du bei ihm angekommen bist, gib dem Pferd nur einen Schlag hinter das linke Ohr, dann kehrt es von selbst hierher zurück." Zuletzt gab ihr die Frau noch ihren goldenen Spinnrocken mit. „Vielleicht kann er dir nützlich sein", sagte sie.

Das Mädchen ritt nun viele Tage und Wochen, und es dauerte lange, lange, bis sie bei dem Ostwind ankam; aber schließlich gelangte sie doch dorthin, und nun fragte sie ihn, ob er ihr den Weg zu dem Prinzen zeigen könne, der östlich von der Sonne und westlich vom Mond wohne.

O ja, von dem Prinzen habe er wohl reden hören, sagte der Ostwind, und von dem Schlosse ebenfalls, aber den Weg dorthin kenne er nicht, denn er habe noch nie so weit geblasen. „Wenn du aber willst, dann bringe ich dich zu meinem Bruder, dem Westwind, vielleicht kann er dir Auskunft geben, denn er ist viel stärker als ich. Setze dich nur auf meinen Rücken, dann trage ich dich hin."

Das Mädchen tat, wie ihm geheißen war, und nun ging es gar rasch von dannen. Als sie beim Westwind angekommen waren, sagte der Ostwind, er bringe hier das Mädchen, das der Prinz habe heiraten wollen, der auf dem Schlosse wohne, das östlich von der Sonne und westlich vom Mond liege. Sie sei auf der Reise dorthin und suche ihn überall; nun habe er sie hierher begleitet, um zu hören, ob der Westwind wisse, wo dieses Schloss liege. „Nein", sagte der Westwind, „so weit habe ich noch nie geweht; aber wenn du willst, bringe ich dich zum Südwind, der ist viel stärker als wir beide und weit und breit herumgekommen, vielleicht kann der dir Auskunft geben. Setz dich auf meinen Rücken, dann trage ich dich zu ihm."

Das Mädchen tat es und nun zogen sie eilig dahin. Als sie zum Südwind kamen, fragte der Westwind, ob er nicht den Weg nach dem Schlosse weisen könne, das östlich von der Sonne und westlich vom Monde liege; dies hier sei das Mädchen, das den Prinzen bekommen sollte. „Ach so, dies ist also das Mädchen!", rief der Südwind. „Ja, ich bin allerdings in meinem Leben weit herumgekommen, aber so weit jedoch habe ich noch nie geweht. Wenn du aber willst, trage ich dich zu meinem Bruder, dem Nordwind. Er ist der Älteste und Stärkste von uns allen. Wenn der nicht weiß, wo das Schloss liegt, kannst du es auf der ganzen Welt nirgends erfahren. Setze dich mir auf den Rücken, dann trage ich dich hin."

Das Mädchen setzte sich dem Südwind auf den Rücken und er flog davon, dass es nur so sauste und brauste. Die Reise dauerte nicht lange. Als sie nun die Wohnung des Nordwinds erreichten, war dieser so wild und ungebärdig, dass er sie schon von weitem kalt anblies. „Was wollt ihr?", schrie er, sobald er sie erblickte, sodass ihnen ein kalter Schauer über den Rücken lief. „Du musst uns nicht so bös anblasen, ich bin es, der Südwind. Und das ist das Mädchen, das den Prinzen heiraten wollte, der auf dem Schloss wohnt, das östlich von der Sonne und westlich vom Mond liegt. Sie möchte dich fragen, ob du je dort gewesen bist und ihr den Weg zeigen kannst, denn sie möchte den Prinzen gern wiederfinden."

„O ja, ich weiß schon, wo das Schloss liegt", sagte der Nordwind. „Ich habe ein einziges Mal ein Espenblatt hingeweht, aber dann war ich so müde, dass ich viele Tage lang nicht mehr blasen konnte. Wenn du aber durchaus hinwillst und dich nicht vor mir fürchtest, dann will ich dich auf meinen Rücken nehmen und versuchen, ob ich dich hinblasen kann." Das Mädchen sagte, sie wolle und müsse auf das Schloss, wenn es sich auf irgendeine Weise machen lasse; und sie habe keine Angst, wenn es auch noch so schlimm gehen sollte. „Nun gut, dann musst du hier übernachten", sagte der Nordwind. „Denn wenn wir morgen dorthin kommen wollen, müssen wir den ganzen Tag vor uns haben."

Früh am Morgen weckte der Nordwind das Mädchen. Dann blies er sich auf und machte sich so groß und dick, dass es ganz schrecklich anzusehen war; und hierauf ging es mit einer Geschwindigkeit durch die Luft dahin, als wenn sie gleich ans Ende der Welt gelangen sollten. Überall unter ihnen raste ein solcher Sturm, dass Wälder entwurzelt und Häuser eingerissen wurden; und als sie über das Meer hinsausten, scheiterten die Schiffe. Weiter und immer weiter ging es, so weit, wie es sich kein Mensch vorstellen kann. Immer noch flogen sie über das Meer dahin, aber allmählich wurde der Nordwind müde und immer schwächer und schwächer. Schließlich konnte er fast nicht mehr weiter, er sank hinunter und immer weiter hinunter, und zuletzt flog er so tief drunten, das ihm die Wellen an die Fersen schlugen.

„Hast du Angst?", fragte er sie.

„Nein, durchaus nicht", sagte das Mädchen. Jetzt waren sie auch nicht mehr weit vom Lande entfernt. Der Nordwind hatte eben noch so viel Kraft übrig, dass er das Mädchen auf dem Strand unter den Fenstern des Schlosses absetzen konnte, das östlich von der Sonne und westlich vom Mond liegt. Dann war er aber auch so ermattet und elend, dass er viele Tage ausruhen musste, ehe er den Heimweg antreten konnte.

Am nächsten Morgen setzte sich das Mädchen unter die Fenster des Schlosses und spielte mit dem goldenen Apfel; und die erste Person, die sich zeigte, war das Nasenungeheuer, das der Prinz heiraten sollte. „Was willst du für deinen goldenen Apfel haben", fragte sie, während sie das Fenster aufmachte.

„Er ist mir durchaus nicht feil, weder für Gold noch für Geld", antwortete das Mädchen.

„Was willst du dann dafür haben?" fragte die Nasenprinzessin. „Verlange, was du willst!"

„Nun, wenn ich bei dem Prinzen, der hier wohnt, eine Nacht schlafen dürfte, dann wollte ich dir den Apfel geben", sagte das Mädchen.

Darauf antwortete die Prinzessin, das ließe sich wohl einrichten; und nun bekam sie den goldenen Apfel. Als aber das Mädchen am Abend in die Kammer des Prinzen heineinkam, schlief dieser ganz fest. Sie rief ihn und rüttelte ihn, weinte und jammerte; aber sie konnte ihn nicht aufwecken; und am Morgen, als kaum der Tag graute, kam die Prinzessin mit der langen Nase und jagte sie hinaus.

An diesem Tag setzte sich das Mädchen wieder unter die Fenster des Schlosses und drehte ihre goldene Haspel. Da ging es gerade wie am verhergehenden Tage. Die Prinzessin fragte, was sie dafür haben wollte und das Mädchen sagte, wenn sie noch eine Nacht bei dem Prinzen schlafen dürfe, dann wollte sie der Prinzessin die Haspel lassen. Als jedoch das Mädchen zu dem Prinzen hineinkam, war dieser wieder eingeschlafen, und wie sehr sie auch weinte und jammerte und ihn rief und schüttelte, er war nicht aufzuwecken. Gleich am Morgen aber, sobald es hell wurde, kam die Prinzessin mit der langen Nase und jagte sie hinaus.

Da setzte sich das Mädchen wieder vor die Fenster des Schlosses und spann an ihrem goldenen Rocken; und die Prinzessin mit der langen Nase wollte ihn natürlich auch haben. Das Mädchen sagte wieder, er sei ihr weder für Geld noch für Gold feil, die Prinzessin könne ihn aber bekommen, wenn sie noch eine Nacht bei dem Prinzen zubringen dürfe. Ja, das dürfe sie gerne, sagte die Prinzessin und nahm den goldenen Rocken. Nun hatten aber einige Christen, die in dem Schlosse gefangen und in einer Kammer neben der des Prinzen unterge-

bracht waren, sie gehört und erzählten das dem Prinzen. Als nun am Abend die Prinzessin mit dem Nachttrunk kam, tat der Prinz, als ob er ihn trinke, goss ihn aber hinter sich aus, denn er konnte sich wohl denken, dass sie ein Schlafmittel in den Trunk hineingetan hatte. Als nun das Mädchen hereinkam, war der Prinz wach, und sie musste ihm erzählen, wie sie das Schloss gefunden hatte.

„Du kommst gerade noch zur rechten Zeit", sagte er, „denn morgen soll meine Hochzeit mit der Prinzessin sein, aber ich will das Nasenungetüm durchaus nicht, und du bist die Einzige, die mich retten kann. Ich werde sagen, ich wollte erst sehen, ob meine Braut tüchtig sei, und von ihr verlangen, die drei Talgflecken aus dem Hemd herauszuwaschen. Darauf geht sie natürlich ein, denn sie weiß nicht, dass du die Flecke gemacht hast; doch nur Christenhände können sie wieder auswaschen, nicht aber die Hände von diesem Trollpack. Da werde ich sagen, dass ich nur das Mädchen heiraten werde, das die Flecken auswaschen könne, und dich darum bitten", sagte der Prinz. Und nun herrschte eitel Glück und Freude bei den beiden in dieser Nacht. Aber am nächsten Tag, ehe die Hochzeit stattfinden sollte, sagte der Prinz: „Ich möchte doch erst sehen, was meine Braut kann." Ja, das sei nicht mehr als recht und billig, sagte die Schwiegermutter. „Ich habe ein sehr schönes Hemd", fuhr der Prinz fort, „das ich auf der Hochzeit anziehen möchte, es sind aber drei Talgflecke hineingekommen, und diese müssen vorher ausgewaschen werden. Ich habe mir gelobt, nur die zu meiner Frau zu machen, die dies tun kann. Wenn meine Braut dies nicht zustande bringt, dann taugt sie nichts."

Ei, das sei keine schwere Aufgabe, meinten die Frauen und gingen auf den Vorschlag ein. Die Prinzessin mit der langen Nase fing auch gleich zu waschen an; sie wusch aus Leibeskräften und gab sich alle Mühe, aber je länger sie wusch und rieb, desto größer wurden die Flecken.

„Ach, du kannst nicht waschen!", sagte ihre Mutter, das alte Trollweib. „Gib es mir einmal." Aber kaum hatte sie das Hemd in die Hand genommen, da wurde es noch hässlicher, und je mehr sie wusch und rieb, desto größer und schwärzer wurden

die Flecken. Nun mussten die anderen Trollweiber herbei und waschen; aber je länger sie das Hemd wuschen, desto hässlicher wurde es, und schließlich sah es so aus, als hätte es in einem Rauchfang gehangen.

„Ach, ihr taugt alle nichts!", sagte der Prinz. „Da draußen vor dem Fenster sitzt ein Bettelmädchen, das versteht sich gewiss viel besser aufs Waschen, als ihr alle miteinander. Du Mädchen, komm einmal herein!", rief er zum Fenster hinaus; und als das Mädchen hereinkam, fragte er: „Kannst du mir wohl das Hemd hier reinwaschen?"

„Ich weiß es nicht, aber ich will es versuchen", antwortete das Mädchen. Sie hatte aber kaum das Hemd in das Wasser getaucht, da wurde es so weiß wie frischgefallener Schnee, ja, noch weißer.

„Ja, dich will ich haben!", sagte der Prinz.

Da wurde das alter Trollweib so zornig, dass sie mitten durch barst, und die Prinzessin mit der langen Nase und das andere Trollgesindel barst wohl auch mitten durch, denn ich habe seither nie wieder etwas von ihnen gehört. Der Prinz und seine Braut gaben nun allen Christen, die auf dem Schloss gefangen saßen, die Freiheit wieder. Dann packten sie soviel Gold und Silber ein, als sie nur fortschaffen konnten, und zogen weit fort von dem Schlosse, das östlich von der Sonne und westlich vom Mond liegt.

(Märchen aus Norwegen)

Neues Glück, neue Freude, neuer Lebenssinn

Diese Geschichte bestätigt schon mit ihrer außergewöhnlichen Länge eine Menschheitserfahrung: Trauerprozesse nach einer Trennung dauern wirklich unglaublich lange. Wir finden in diesem Märchen viele uns schon vertraute Motive, aber auch Neues, Freudiges, ja Atemberaubendes. Ich möchte es unter dem Aspekt der Freude anschauen, also wie eine Art Freudenbiografie, und Sie dabei auf Freuden der Trennungszeit aufmerksam machen, die nicht übersehen werden sollten.

⇨ *Die erste Freude: Der Ritt auf dem weißen Bären - wie sehe ich ihn mit meinen inneren Augen?*

Der Bär, das stärkste Raubtier unserer Breiten, stand schon immer für eine starke Kraft. Er wurde in den Bärenkulten vieler Völker als göttliche Kraft verehrt. „Die Tatsache, dass sowohl Wotan wie Donar auch Björn (Bär) und Bjarki (Bärchen) genannt werden, lässt die Vermutung aufkommen, dass unsere Vorfahren den Bären als eine Erscheinung des Göttlichen verehrt haben.“[29] Dieser verzauberte weiße Bär nun hat sich menschliches Wesen bewahrt: Er wählt seine Braut selbst und fragt sie beim Ritt teilnahmsvoll nach ihrem Ergehen. Er hat offensichtlich aber auch eine Beziehung zu göttlichen Mächten, darauf weist sein weißes Fell hin. Außerdem erscheint er zweimal an dem Donar geweihten Tag, dem Donnerstag. Im Volksglauben galt der Donnerstag nach Röhrich als ein besonderer Tag, mit dem viele positive Bedeutungen verknüpft wurden.[30] Nur an einem solchen Schwellentag konnten der verzauberte Prinz und das Mädchen einander begegnen. Der Ritt auf dem weißen Bären war sicher gewaltiger als der auf dem weißen Wolf im Märchen *Das singende springende Kleeblatt*. Umso erstaunlicher ist es, dass das Mädchen sich dabei nicht fürchtet, was andeutet, dass sie wirklich ein außergewöhnlicher Mensch ist.

Die zweite Freude: Das Schloss im Felsen

Ganz sicher antwortet die Beschreibung der prachtvollen neuen Umgebung kompensatorisch auf den Mangel des Elternhauses. ♥ Sie erzählt uns aber auch, dass wir neue Räume kennen lernen werden, wenn wir die gewohnte Umgebung verlassen.

Die dritte Freude: Das Wiedersehen mit den Eltern und Geschwistern

Wenn sich ein Mädchen von der Familie löst und ihren eigenen Schicksalweg geht, kann dies ihre Herkunftsfamilie in der Tat bereichern und sie aus einem beengten Leben in die Weite führen. Das Wiedersehen wird durch den Dank der Eltern zur großen Freude. Noch bleibt aber ein störender Rest des Familienschattens: Die Mutter, die das Wesen des weißen Bären völlig missversteht, sät Misstrauen in der jungen Frau. Auch diese hält es nun für möglich, dass er ein Troll ist. Sie bricht ihr Treueversprechen, das sie dem Bären gegeben hat; ja, sie lügt ihn nach seiner Frage an. So kommt es zur Trennung.

Die vierte Freude: Die Begegnung mit den drei alten Frauen

Nach langer Wanderung begegnet sie drei hilfreichen alten Frauen. Diese Alten sitzen jeweils „vor dem großen Berg" und halten goldene Geräte in der Hand – ein wunderbares Bild! Berg und Gold weisen darauf hin, dass sie jenseitige Helferinnen sind. ♥ Auch wir haben auf unserem Trennungsweg die Chance, völlig neuen Menschen zu begegnen, die wir sonst nie kennen gelernt hätten, wenn wir noch satt in die Paarbeziehung integriert gewesen wären. Hier zeigt uns das Märchen ein Doppeltes: Es gibt noch viele andere Menschen auf der Welt. Hilfe in Not wirst du in dieser Zeit bei weisen Frauen und bei jenseitigen Helferinnen finden.

Die fünfte Freude: Der Ritt auf den Pferden

Die Alten leihen dem Mädchen ihre Pferde, so kann sie ihren Weg leichter und rascher bewältigen.

♥ Die Begegnung mit den drei alten Frauen und das Reiten auf ihren Pferden hat noch einen weiteren Aspekt: Gerade auch in der Krise der Scheidung sind wir auf die spirituelle Begleitung unserer Ahnen angewiesen. Im Griechischen und Lateinischen stand das Wort *Ahnen* übrigens nur für weibliche Vorfahren! Wie im Märchen können uns unsere „Großmütter" eine schützende Herberge in allem Schweren sein. Danach können wir, durch ihre Kraft gestärkt, auf unserem Weg leichter und rascher vorankommen.

Die sechste Freude: Die Begegnung mit den vier Winden

Dem Wind zu begegnen, heißt nicht nur, eine physikalische Luftbewegung oder Naturkraft zu spüren. Der Wind der Märchenwelten ist viel mehr. *Seele, Atem, Wind* und *Geist* sind von der etymologischen Wortbedeutung her eng miteinander verwandt. Der Wind der Märchenwelten meint den inspirierenden Lebensatem der Welt, den lebenden Atem Gottes. „Dieser Wind ist ein Wesen. Ein Wesen hat er in sich, und daher bläst er, der wahre Wind, der Märchenwind, aus sich heraus. … Das ist kein Wind, der flach an den Raumesschranken entlanggedrängt wird, sondern ein Wind, der sie gerade aufsprengt von innen her, ein metaphysischer Wind, der nicht von Ort zu Ort geht, nicht von da und da her kommt, sondern aus einem Innern, einem weltweiten Innern, ein Wind, der aus der Ewigkeit in die Unendlichkeit hinausbläst.“[31] So wird das Mädchen hier klar und stark von der Welt des Geistes, des Geistigen berührt.

Die siebente Freude: Auf dem Wind reiten

Vielleicht sind Sie einmal auf einem Berg, einer Klippe oder einem Turm bei starkem Wind gestanden und haben dort das Gefühl oder den Wunsch gehabt, jetzt mit dem Wind zu fliegen.

➩ *Schließen Sie die Augen und spüren Sie diesen Weltenwind um sich herum! Hören Sie ihn brausen und lassen Sie sich von ihm tragen!*

Wer auf dem Wind reitet, gewinnt einen hohen Überblick über die Alltagswelt. Von oben sehen Probleme und Schwierigkeiten klein aus. Wer auf dem Wind reitet, hat ein tiefes Vertrauen in die tragenden Kräfte der Welt. Wer auf dem Wind reitet, gewinnt Flügel, Inspiration und Elan. Wer auf dem Wind reitet, gelangt in ungeahnte Weiten, ja, bis ans Ende der Welt. Wer auf dem Wind reitet, wird sicher in ein neues Land getragen. Für mich war beispielsweise das Schreiben dieses Buches ein solcher Flug auf dem Wind.

Nun reitet das Mädchen auf den Winden aller vier Himmelsrichtungen, über deren Symbolik viel zu sagen wäre. Weil die vier Richtungen auch den vier Elementen *Feuer, Wasser, Erde, Luft* zugeordnet werden können, kann hier gemeint sein, dass sie deren Wesen integriert und so zu neuer Ausgewogenheit und Kraft findet. ♥ Höhenflüge und Geistesflüge sowie ein neuer Überblick in das Geflecht des

Lebens und in die Landschaft der Seele können in der Tat zu den Freuden eines Trennungsweges gehören, wenn wir den Mut haben, uns ungewohnten Mächten anzuvertrauen und uns neu mit Erde, Wasser, Feuer und Luft zu verbinden.

Die achte Freude: Das Wiederfinden des Verlorenen

„Und nun herrschte eitel Glück und Freude bei den beiden in dieser Nacht.“ Über die symbolische Bedeutung dieser erneuten Vereinigung habe ich an anderer Stelle bereits gesprochen. Eine Besonderheit dieses Märchens ist, dass der Prinz sich so unglaublich freut, dass sie noch zur rechten Zeit gekommen ist, wodurch er eine menschliche Beziehung eingehen kann. Erstaunlich ist auch seine Idee, wie die Trollhexe sich selbst disqualifizieren und beseitigen wird.

Die achte Freude: Die ausgelöschte Schuld

Noch immer sind in seinem Hemd die drei Talgflecken, die auch ein Zeichen ihres falschen Tuns, ihres mangelnden Vertrauens und ihrer Schuld sind. Die Trollhexen, die darauf herumreiben, können sie nicht herauswaschen. Als aber das Mädchen, das einen so langen Läuterungsweg hinter sich hat, das Hemd auch nur berührt, *„wurde es so weiß wie frisch gefallener Schnee, ja noch viel weißer“*. ♥ Für mich ist dies ein zutiefst sakrales Geschehen; hier wird wirklich eine heilige Hochzeit gefeiert. Die Botschaft dieser Stelle lautet: Hast du den weiten Weg nach der Trennung mit all seinen Schmerzen bewältigt, so verwandeln sich die Schatten, die Dunkelheit, die Schuld der früheren Beziehung in strahlendes Licht. Dazu ist dann keine weitere Anstrengung mehr nötig, am Ende sind sie einfach nicht mehr vorhanden!

Die neunte Freude: Freiheit für die Gefangenen

Es ist ein erstaunliche Besonderheit dieser Geschichte, dass hier gefangene Christen, die unüblicherweise gleich neben dem Schlafzimmer des Königs hausen, diesen auf das nächtliche Rufen des Mädchens aufmerksam machen. In anderen Märchen tun das irgendwelche Handwerker oder ein Diener des Königs oder einfach „die Leute“. ♥ Der Hinweis liegt nahe, dass es sich bei diesen gefangenen „Christen“

um noch nicht gelebte Persönlichkeitsteile handelt. Sie waren durch die einengende seitherige Beziehung eingesperrt, nun aber durch die heilige Hochzeit mitbefreit. Endlich können sie „an den Tag kommen", und endlich können auch bei uns geschiedenen Frauen ganz neue und hocherfreuliche Seiten aufblühen.

Die zehnte Freude: Neuer Lebensreichtum

Bei den Schattenwesen der Märchen finden sich stets auch Schätze, die nun mitgenommen und ins Leben integriert werden können. ♥ Vielleicht sind damit auch die Schätze der seitherigen Beziehung gemeint. Es ist für unseren Trauerprozess ja ganz wichtig, dass diese gesehen und anerkannt werden. „Wirklich loszulassen und Frieden zu machen mit der Vergangenheit setzt voraus, dass man den Stellenwert der beendeten Beziehung in der eigenen Biographie reflektiert und anerkennt."[32]

Die elfte Freude: Die Rückkehr in menschliche Gefilde

Das Schloss „Östlich von der Sonne und westlich vom Mond" liegt offensichtlich weit entfernt von jeder menschlichen Behausung. In ihm sind Menschen eingesperrt und ihres freien Willens beraubt. Es gibt dort zwar materiellen Reichtum, aber die goldenen Geräte der alten Helferinnen, jene Symbole des Lichts, sind dort Mangelware. So ist verständlich, dass das junge Paar dieses Schloss so schnell wie möglich wieder verlässt. ♥ In der Trauerzeit der Trennung befinden wir uns in einem solchen abgelegenen Schloss, wir fühlen uns vom normalen menschlichen Leben abgetrennt. Hier spendet das Märchen Zuversicht: Eine solche Zeit geht vorüber, und danach können wir neue Orte der Freiheit und der Freude finden. Eine tiefere Menschlichkeit sowie neue Fähigkeiten, Einsichten und Erfahrungen werden in unsere Persönlichkeit als allein stehende Frau integriert.

Die zwölfte Freude: Rückblickend die Sinnhaftigkeit der Trennung erkennen

Eine Trennung hat auch ihre Freuden und Reichtümer, das ist eine über Generationen geprüfte und weitergegebene Menschheitserfahrung. „Man verlässt das, worin man zu Hause war, was einmal Geborgenheit gegeben hatte und später Fessel wurde – und kommt nach

Hause. Es ist das Zuhause in mir. Und ich spüre, da hat schon jemand auf mich gewartet. Ich werde auch hier erkannt, von innen her. Diesen „Jemand" können wir als unseren Engel sehen oder als unser innerstes Wesen, unsere innersten Ziele, für die wir einst angetreten sind."[33] Auch so kann die heilige Hochzeit aussehen.

Gustav Klimt 1913

Ausklang

Wir haben nun viele Märchenfrauen auf ihren Trennungs- und Häutungswegen begleitet. Jeder Weg sah anders aus, jeder dauerte verschieden lange. Jede Suchwanderung hatte ihre eigenen Härten, ihre Gefahren, ihre Trauer und ihre Sehnsucht. Dabei zielte diese Sehnsucht nie nur auf einen realen Partner, sondern sie konnte letzlich nur durch die „Heilige Hochzeit" im eigenen Inneren erfüllt werden. Jeder Trennungsweg im Märchen führte zu neuem Lebensreichtum, zu einer neuen Ganzheit und an ein Ziel.

So möchten die Volksmärchen uns ermutigen, uns Zeit für unsere Trauer zu nehmen, unseren ganz persönlichen Trennungsweg zu gehen und darauf zu vertrauen, dass auch uns zur rechten Zeit hilfreiche Mächte begegnen werden. Alle diese Geschichten versichern uns zuversichtlich, dass auch unsere Herzenswunden wieder heilen können, und dass wir das Fest des Lebens in neuer Freude feiern werden.

Mit großem *Dank* möchte ich dieses Buch schließen:

Von Herzen danke ich allen sichtbaren und unsichtbaren Wesen, die mich durch die Trennungen meines Lebens begleitet haben, und jenen, welche dieses Buch so vielfältig bereicherten. Ein besonderer Dank gilt auch meinem Verleger Werner Vogel.

Ich danke auch all den Menschen, welche die Märchen von Mund zu Mund, von Herz zu Herz durch Jahrhunderte hindurch weitergegeben haben und denjenigen, welche diese Schätze in schriftlicher Form bewahrt haben.

Vor allem aber danke ich der Quelle allen Seins, allen Lichts, aller Heilung und aller Weisheit.

Anmerkungen

1 Verena Kast, Sich einlassen und loslassen, Freiburg 2001, S. 44.
2 Franziska Martynowa (Hrsg.), Das goldmähnige Pferd, Leipzig 1988, S. 268.
3 Verena Kast, Mann und Frau im Märchen, Olten 1983, S. 8.
4 Verena Kast, Liebe im Märchen, Olten 1992, S. 10.
5 Maria-Luise von Franz, Psychologische Märcheninterpretationen, München 1986, S. 11.
6 Wolfdietrich Siegmund, Erlösung im Volksmärchen und auf Ikonen, in: Der Märchenspiegel 1997, Nr. 2, S. 49.
7 Verena Kast, wie 4, S. 13.
8 Clarissa Pinkola Estes, Und es war gut so, München 1993, S. 45.
9 Felicitas Betz, Heilbringer im Märchen, München 1989, S. 64.
10 Hubertus Halbfas, Reiligionsbuch, Düsseldorf 1983, S. 50.
11 Klara Stroebe (Hrsg.), Nordische Volksmärchen Bd. II, Jena 1915, S. 162.
12 Max Lüthi, Das europäische Volksmärchen, Bern 1968, S. 32.
13 Kast wie 8, S. 108.
14 Carl Gustav Jung, Der Mensch und seine Symbole, Olten 1968, S. 168.
15 Jung wie 14, S. 193.
16 Xaver Schaffgotsch, Russische Volksmärchen, Hamburg 1964, zit. bei Walter Scherf, Das Märchenlexikon, München1995, S. 291.
17 Jung wie 14, S. 166.
18 Ansor Gogioschwili, Die eisernen Schuhe - Dichtung oder Wirklichkeit, in Der Märchenspiegel 2002, Nr. 3, S. 9.
19 Heino Gehrts, Der weiße Wolf, in: Früh / Wehse, Die Frau im Märchen, Kassel 1985, S. 32.
20 Quellen für alle Zitate bei Früh/Wehse wie 19, S. 216.
21 Gehrts wie 19, S. 19.
22 Janning / Gehrts, Die Welt im Märchen, Kassel 1984, S. 141.
23 Verena Kast, Der Schatten in uns, München 2002, S. 84.
24 Dieselbe, Wege zur Autonomie, Olten 1989, S. 11.
25 Max Lüthi, Das europäische Volksmärchen, Zürich 1951, S. 56.
26 Dieser Text wurde in einem Vortrag mitgeschrieben. Ich konnte die schriftliche Quelle leider nicht finden.
27 Katalin Horn in einem Vortrag am 12. 5. 2002 auf dem Märchenkongress in Baden (Schweiz).
28 Gerhard Wehr, Die heilige Hochzeit, München 1998, S. 12 ff.
29 Betz wie 9, S. 38.
30 Lutz Röhrich, Lexikon der sprichwörtlichen Redensarten, Freiburg 1994, S. 324.
31 Heino Gehrts, Von der Wirklichkeit der Märchen, Regensburg 1992, S. 49.
32 Mathias Wais, Trennung und Abschied, Stuttgart 1998, S. 76.
33 Wais wie 32, S. 20 und 21.

Quellenverzeichnis

Die Sternenfrau: Heidi Heim, *Wenn die Füchsin in den Weg tritt*, Konstanz 1991.

Die Frau aus dem See: Frederik Hetmann (Hrsg.), *Roter Drache, grünes Tal*, Frankfurt 1987.

Prinz Schwan: Brüder Grimm, *Kinder- und Hausmärchen*, 1. Auflage 1812.

Das Mädchen im Kasten: August Leskien (Hrsg.), *Märchen aus dem Balkan*, Jena 1925.

Sorge und Leid: Klara Stroebe (Hrsg.), *Nordische Volksmärchen, II. Teil*, Jena 1915.

Finist, der lichte Falke: Friedrich Hildebrand (Hrsg.), *Russische Volksmärchen*, Leipzig 1912.

Das singende, springende Kleeblatt: G. F Meyer (Hrsg.), *Ik will di wat vertellen*, Holsteensch Volksmärchen, Garding 1921,

Jungfer Maleen: Karl Müllenhoff (Hrsg.), *Sagen, Märchen und Lieder der Herzogthümer Schleswig, Holstein und Lauenburg*, 1845.

Die verwundete Prinzessin: Otto Spies (Hrsg.), *Türkische Märchen*, München 1967.

Die Madonna und der Drache: Silvia Studer-Frangi (Hrsg.), *Märchen aus Italien*, Frankfurt 1992.

Prinz Hüsnü Yusuf: Pertev Naili Boratav (Hrsg.), *Türkische Volksmärchen*, Berlin 1967.

Östlich von der Sonne und westlich vom Mond: Stroebe, siehe oben.

Die meisten Abbildungen entstammen der Münchener Wochenzeitschrift JUGEND aus den Jahrgängen 1896–1905. Die restlichen Abbildungen wurden ebenfalls in diesem Zeitraum veröffentlicht, mit Ausnahme eines Bildes von Gustav Klimt, das von 1913 stammt. Eventuelle Rechte konnten nicht ermittelt werden, für Hinweise sind wir dankbar. Informationen bitte an Heidi Christa Heim, c/o Verlag Via Nova.

Literatur

Zum Thema Paartrennung

Helga Egner, Lebensübergänge, Düsseldorf 1995.
Ulrike Dahm, Die Kraft des Nein, München 1997.
Mathias Jung, FreiRaum, Lahnstein 2001.
–, Trennung als Aufbruch, Lahnstein 2001.
Verena Kast, Sich einlassen und loslassen, Freiburg 1994.
–, Liebe im Märchen, Olten 1992.
–, Mann und Frau im Märchen, Olten 1983.
–, Wege zur Autonomie, Olten 1985.
Hans Jellouschek, Beziehung und Bezauberung, Stuttgart 2000.
Antje-Sabine Naegeli, Einen Engel wünsche ich dir, Freiburg 1998.
Julia Onken, Herrin im eigenen Haus, München 2002.
Sabine Treeß, Aufbruch nach Hause, Petersberg 2004.
Mathias Wais, Biographiearbeit, Stuttgart 1996.
–, Trennung und Abschied, Stuttgart 1998.

Zum Thema Märcheninterpretation

Hanns Bächtold-Stäubli, Handwörterbuch des deutschen Aberglaubens, Berlin 2000.
Felicitas Betz, Heilbringer im Märchen, München1989.
Joseph Campbell, Der Heros in tausend Gestalten, Frankfurt 1999.
Heinrich Dickerhoff, Trau deiner Sehnsucht mehr als deiner Verzweiflung, Mainz 2001.
Enzyklopädie des Märchens, Band 1–10, Berlin ab 1977.
Europäische Märchengesellschaft Rheine, Kongressberichte, insbesonders:
Die Frau im Märchen.
Mann und Frau im Märchen.
Von der Wirklichkeit der Märchen.
Zaubermärchen und Schamanentum.
Die Welt im Märchen.
Marie-Luise von Franz, Die Suche nach dem Selbst, München 1985.
–, Der Schatten und das Böse im Märchen, München 1985.
–, Psychologische Märcheninterpretationen, München 1986.
Verena Kast, Märchen als Therapie, Olten 1986.
Linde Knoch, Praxisbuch Märchen, Gütersloh 2001.
Ingrid Riedel, Die weise Frau, Olten 1989.
–, Tabu im Märchen, Olten 1985.
Lutz Röhrich, Märchen und Wirklichkeit, Hohengehren 2001.
–, Lexikon der sprichwörtlichen Redensarten, Freiburg 1994.
Dieter Röth, Kleines Typenverzeichnis der europäischen Zauber- und Novellenmärchen, Hohengehren 1998.
Heinz Röllecke, Die älteste Märchensammlung der Brüder Grimm, Köln 1975.
–, Grimms Kinder- und Hausmärchen, 2. Auflage von 1819, Köln 1982, und 7. Auflage von 1857, Stuttgart 1980.
Walter Scherf, Das Märchenlexikon, München 1995.

Weitere Bücher aus dem Verlag Via Nova:

Aufbruch nach Hause

Frauen unterwegs zu sich selbst
Ein spirituelles Praxisbuch für die Reise der inneren Heldin

Sabine Treeß

Paperback, 352 Seiten – ISBN 3-936486-46-8

Ganz gleich, ob sich die Leserin gerade in einer Phase des Umbruchs befindet oder sich einfach nach neuen Perspektiven sehnt: „*Aufbruch nach Hause*“ ist ein kompetenter und zuverlässiger Begleiter auf dem Weg zu einem authentischen und erfüllten Leben als Frau. Diese spannende Reise führt durch zwölf Stationen, die die Leserin einladen, ihr Leben symbolisch nachzuvollziehen. Sie ist eingeladen, Schritt für Schritt wesentliche Elemente ihres Weges aus einer neuen Perspektive zu erleben, in der Tiefe zu verstehen und zu heilen. „*Aufbruch nach Hause*“ gibt Frauen eine Chance, ohne großen zeitlichen Aufwand ihrem Bedürfnis nach Selbsterforschung und innerer Heilung nachzugehen. Das Buch ist ganz bewusst auch für Frauen konzipiert, die im Alltag durch Beruf, Partnerschaft, Kinder oder andere familiäre Verpflichtungen nur wenig Zeit für sich haben. „*Aufbruch nach Hause*“ macht Frauen Lust und Mut, auf eigene Faust ihre inneren Welten zu erforschen, um zu entdecken, was es bedeutet, in sich selbst als Frau zu Hause zu sein.

Die Liebesstrahl-Sucherin

Wege zum wahren Selbst

Doris Haselmann

Hardcover, 136 Seiten – ISBN 3-936486-63-8

Die Sehnsucht der Liebesstrahl-Sucherin nach Wahrheit und Sinn steht stellvertretend für die Sehnsucht eines jeden Menschen. Er erfährt, wie man Ängste und Sorgen aus dem eigenen Leben verbannen kann, wie man seine Lebensaufgabe erkennt, findet und ihr nachgeht und wie man Wünsche an das Universum richtig formuliert, damit sie erfüllt werden. Die Liebesstrahl-Sucherin zeigt, wie man sich von den Schatten der Vergangenheit lösen kann, um inneren Frieden zu erreichen, und sie deckt wichtige Faktoren zwischen Mann und Frau auf, die eine liebende Beziehung zu einem erfüllten Miteinander schaffen können. So wird ein Weg vorgegeben, wie man zu Zufriedenheit, innerer Fülle und zur eigenen Mitte kommt – auch in Zeiten zunehmender Hektik und Oberflächlichkeit dieser Gesellschaft. Die Liebesstrahl-Sucherin geht diesen Weg vor. Die Menschen müssen ihr nur noch folgen.

Das Herz wieder öffnen

Krisen als Entscheidung zur Wende

Ulrike Parnreiter-Fingerl

Hardcover, 184 Seiten – ISBN 3-936486-64-6

Ulrike Parnreiter-Fingerl legt offen ihre eigene große Krise als Studentin dar. Dabei wagt sie den Spagat, sich auf der einen Seite als die zu zeigen, die sie in ihren Gedichten zur jeweiligen Zeit war. Auf der anderen Seite interpretiert sie aus ihrer heutigen Sicht als Psychotherapeutin ihre damaligen Texte und reiht sie in das durchgängige Thema der Herzöffnung ein.“ Wir müssen über Krisen reden, damit wir nicht allein sind mit und in ihnen. Krisen sind keine Schande. Krisen können vielmehr wertvolle Wendepunkte im Leben sein, wenn wir es wagen, in unseren Ab-Grund zu steigen und uns in unserer Tiefe neu zu entdecken.“ Ein ehrliches Buch, voller Weisheit und Spiritualität, voller Liebe und Kraft. Ein bedingungslos positives Buch und ein Lichtblick für alle, die gerade im Dunklen stehen.

Wenn es verletzt, ist es keine Liebe

Chuck Spezzano

9. Auflage

Gebunden, 416 Seiten – ISBN 3-928632-20-5

Dieses Buch verändert Ihr Leben. Ein Wissender zeigt den Weg, wie Sie ein Leben führen können, das erfüllt ist von Liebe und Verstehen, von Freude und Glück. Sie erfahren in 366 Kapiteln wichtige Lebensgrundsätze, die Ihre zwischenmenschlichen Beziehungen auf eine höhere Ebene heben.
Die Weisheit der Liebe, die der Verfasser in jahrzehntelanger Forschungsarbeit als Psychotherapeut, als weltweit bekannter Seminarleiter, als visionärer Lebenslehrer entdeckt und in klare Weisungen umgesetzt hat, verwandelt Sie und berührt Ihr wahres Wesen, das Liebe ist. Durch die angebotenen Übungen, die das theoretisch Erkannte auch in den praktischen Alltag umsetzen, wird das Buch zu einem Wegbegleiter und Ratgeber in bedrängenden Beziehungsnöten. Wenn Sie Schritt für Schritt in die wichtigsten Grundprinzipien der Liebe eingeführt werden, reifen Sie in Ihrer Selbsterkenntnis, können Ihre Beziehungen in Partnerschaft und Freundschaft neu ordnen, vertiefen und intensivieren. Sie können die Ursachen für Ihre Schwierigkeiten in der Liebe erkennen, Blockaden auflösen und seelische Wunden heilen lassen.

Im Dialog mit dem Ungeborenen

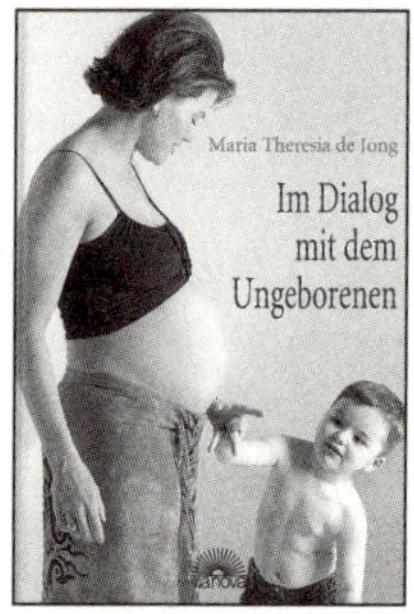

Maria Theresia de Jong

Hardcover, 168 Seiten – ISBN 3-936486-68-9

Schwangere haben die einzigartige Gabe, mit ihren noch ungeborenen Kindern zu kommunizieren. Über Gefühle, über die Haut, über die vielbeschworene Intuition können sie bereits viel über ihr Kind erfahren. Diese innere Stimme zu schulen und ihr zu vertrauen ist gerade in unserer technikdominierten Schwangerenvorsorge eine besondere Notwendigkeit. Das innere Band zwischen Mutter und Kind ist gerade in der vorgeburtlichen Situa-tion besonders stark. Geboren werden und Gebären sind mehr als rein biologisch-medizinische Vorgänge. Werden die seelischen Dimensionen vernachlässigt, hat dies weitreichende Folgen: für das Individuum – aber auch für die Gesellschaft. Im Buch werden unterschiedliche Herangehensweisen vorgestellt, wie das innere Band zwischen Mutter und Kind gestärkt werden kann. Im Übergang zwischen den Welten – und ein solcher ist die Schwangerschaft – liegt eine verborgene Kraft, die es zu nutzen gilt.

Mit Kindern Spiritualität leben

Cornelia Miskiewicz

Hardcover, 200 Seiten – ISBN 3-936486-54-9

Kinder unserer Zeit werden immer offener für die geistige Welt. Sie machen sich Gedanken und haben Erlebnisse und Gefühle, die sie mit Erwachsenen oft nicht teilen können. Dieses Buch will einen gemeinsamen Weg ermöglichen. Die Verbindung von esoterischem Allgemeinwissen und Christentum ist wohl einmalig und ein realistischer Ausgangspunkt für eine Spiritualität, die im Alltag gelebt werden kann.
Das Buch enthält Briefe von Eltern und Briefe an Kinder über grundlegende spirituelle und religiöse Themen in kindgerechter Sprache: Wo kommen wir her? Tod, Engel, Elfen, Gebet, Meditation, Chakras. Die Liebe zu Gott und zu allen Geschöpfen auf dieser Erde! Dies ist ein Buch mit einem neuen Konzept! Voller Erlebnisse mit Kindern wird es den Leser und seine Kinder ermutigen, die eigene spirituelle Dimension anzunehmen und zu leben.

Spirituelle Erziehung

Hilfreiche Ratschläge – Praktische Weisheit

Lee Lozowick

Gebunden, 312 Seiten – ISBN 3-928632-51-5

Praktischer Ratgeber für Eltern und Erzieher, die im Umgang mit Kindern ein größeres Maß an Bewusstheit, Freundlichkeit und Mitgefühl sowie mehr Ehrlichkeit im Verhältnis zu sich selbst in die Erziehung einbringen wollen. Das Buch will Eltern in ihrer wichtigen Erziehungsarbeit helfen und Kindern einen optimalen Start verschaffen.
Dieses Buch richtet sich an all jene, die für die Erziehung Weisung aus einer höheren Ebene empfangen wollen. Spirituelle und bewusste Erziehung könnte man zusammenfassen: Liebe und Zuneigung entwickeln, lebensbejahende Grenzen für unsere Kinder aufzeigen und Ehrlichkeit uns selbst und unseren Kindern gegenüber aufbringen.
Hauptelement jeder Kindererziehung ist das Vorbild der Eltern. Da wir unseren Kindern nichts geben können, was wir selbst nicht besitzen, fordert der Autor Eltern und Erzieher dazu auf, die das eigene Leben beherrschende Ichbezogenheit, Ignoranz und mangelnde Bewusstheit genau unter die Lupe zu nehmen, weil sie das Glück und Wohlbefinden unserer Kinder gefährden.

Die unbegrenzten Dimensionen deiner spirituellen Kraft

Ein inspirierender Wegweiser zur persönlichen Freiheit

Nick Williams

Paperback, 280 Seiten – ISBN 3-936486-70-0

Macht und Kraft faszinieren uns alle. Doch in weiten Teilen der Welt können wir beobachten, welche verheerenden Folgen es hat, wenn Macht falsch verstanden wird. Nick Williams spricht in diesem bahnbrechenden Buch von einer ganz anderen Macht: der Macht der Liebe, der Inspiration und der Kreativität. Wir können eine unglaublich positive Entwicklung erfahren, wenn wir die mystische Kraft der Liebe in den Mittelpunkt unseres Lebens stellen. Der Autor erinnert uns daran, dass wir aus uns selbst heraus ungeheuer kraftvoll und nicht darauf angewiesen sind, Macht von außen verliehen zu bekommen. Unsere spirituelle Kraft liegt in dem Wissen, dass wir die Quelle unserer Gedanken transformieren können: von der Angst zur Liebe. Nick Williams zeigt uns in praktischen Schritten, wie das gelingt.

21 Übungseinheiten zur persönlichen Energiegewinnung

Körperliche, emotionale und mentale Energiebalance finden

Dr. Franz Decker

Paperback, 144 Seiten, zweifarbig, 94 Grafiken – ISBN 3-936486-62-X

Energie-Balance bedeutet, das Gleichgewicht zwischen Energieverbrauch und Energieaufbau ständig zu erhalten, neu zu begründen. Energie-Balance ist eine permanente Regulationsaufgabe, um so unsere Lebenskraft zu erhalten, wie es beispielsweise die alten Chinesen im Yin-Yang-Prinzip getan haben. Das Buch zeigt uns Wege, wie wir den kraftraubenden Alltag ausgleichen können, damit wir uns nicht chronisch überfordern und schneller zu Ruhe und Gelassenheit kommen. Es handelt sich um ein Auftankbuch und bietet in 21 praxiserprobten Übungseinheiten die Möglichkeiten zur täglichen Energiegewinnung, zur Entspannung, Meditation, Gehirnaktivierung und Vitalität, um so die körperliche, emotionale und mentale Energie-Balance zu erhalten bzw. wiederzugewinnen. Nur Übung führt zur Lebensmeisterung. Das Überforderungs- und Erregungs-Syndrom sowie die einzelnen Energiekiller des Alltags hat Franz Decker in seinem Buch „Energie-Balance finden“ (Verlag Via Nova, 2004) bereits dargestellt.

Hundert Wege der Hoffnung

Edition Spirituelle Romane

Robin Rice

Paperback, 312 Seiten – ISBN 3-936486-71-9

Spirituelle Heiler auf der ganzen Welt haben der Hauptfigur dieses spannenden Romans, Mary, immer wieder gesagt, sie sei „Die Eine", haben ihr jedoch nicht offenbart, worin ihre Aufgabe besteht. So folgt sie scheinbaren Zufällen wie Brosamen, bis sie schließlich im Canyon de Chelly in Arizona zu ihrer Ganzheit und zu ihrem wahren Selbst findet. In dieser lebendig und sehr spannend erzählten Geschichte schickt die Autorin ihre Heldin Mary auf eine Reise, während der sie durch visionäre Erfahrungen und mit der Hilfe eines weisen Lehrers das Reich universeller Wahrheiten betritt. Unterschiedliche spirituelle Traditionen werden zu einem harmonischen Ganzen vereint, und gemeinsam mit Mary entdeckt der Leser, dass es auf dieser Welt weit mehr gibt, als unsere fünf Sinne wahrzunehmen vermögen. Der Roman wurde schon in mehrere Sprachen übersetzt.

Die kommunikative Kraft der Liebe

Barbara Mettler-v. Meibom

Paperback, 208 Seiten, 10 Abb. – ISBN 3-928632-66-3

Unsere Gesellschaft bietet eine Fülle neuer Kommunikationsmedien, und dennoch nehmen Einsamkeit und Rücksichtslosigkeit im privaten und beruflichen Alltag ständig weiter zu. Auf der Suche nach einem Weg aus diesem Dilemma unterscheidet die Autorin Prof. Barbara Mettler-v. Meibom zwischen zwei grundlegenden Aspekten in Kommunikationsbeziehungen: der *communicatio* und der *communio.* Letztere erwächst für sie aus der kommunikativen Kraft der Liebe. Wie kann sie verwirklicht werden? Bei der Beantwortung dieser Frage lässt sich die Verfasserin u.a. von der indischen Philosophie der Vedanta anregen. Sie zeigt in eindringlichen Bildern und Geschichten über Menschen und Alltagserfahrungen, welche Chancen und Möglichkeiten bestehen, wenn wir uns von der kommunikativen Kraft der Liebe leiten lassen. An die Stelle des Gefühls von Trennung und Einsamkeit kann das Wissen um die Einheit alles Lebendigen, deren Erfahrung und die Verantwortung für uns selbst und die Schöpfung treten.

Denke dich gesund

Die Überwindung krankmachender Denkmuster

Adalbert Töpper

Gebunden, 128 Seiten – ISBN 3-928632-36-1

Die Grundeinsichten und Weisungen in diesem Buch gehen auf die Heilungsprinzipien des großen Heilers Frederick Bailes zurück. Bailes erlebte, wie die konstruktive Nutzung des kreativen, kosmischen, göttlichen Gesetzes nicht nur Krankheiten heilte, sondern zerrüttete Familien wieder vereinigte, schwer erziehbare Kinder besänftigte und Süchtige von ihren Leiden befreite. In *„Denke dich gesund"* vertieft der Verfasser den geistigen Mechanismus von Bailes unvergleichlicher Heilweise. Er macht bewusst, dass eine intensive Kooperation mit dem Göttlichen angesichts der zunehmenden Krankheitsproblematik und der sich anhäufenden Schwierigkeiten in Staat und Gesellschaft dringend notwendig ist. Das Buch schafft einen Einblick in den geistigen Mechanismus, der durch die Vorherrschaft destruktiver Gedankenmuster in Gang gesetzt wird und schließlich zu Krankheiten führt. Es vermittelt die Erkenntnis, dass Gott als die unendliche Liebe und Intelligenz in unserem Bewusstsein denkend tätig werden und dabei perfekte Gedanken in sichtbare Realität umsetzen kann.